科學天地 201
World of Science

觀念物理 Ⅰ

牛頓運動定律・動量

CONCEPTUAL PHYSICS
THE HIGH SCHOOL PHYSICS PROGRAM

PAUL G. HEWITT

休伊特 著

常雲惠 譯

休伊特（Paul G. Hewitt）

高中時夢想當個拳擊手，畢業後開始學漫畫，後來從事畫戶外廣告招牌的工作。

27歲才決定回到學校，在麻州羅爾技術學院就讀物理系，是班上年紀最大的學生。

1964年，取得猶他州立大學科學教育與物理雙主修的碩士學位，

便到舊金山城市學院開始教學生涯，直到1999年退休。

1982年，休伊特獲得美國物理教師學會頒發的密立根講座獎。

獲獎原因是由於他在物理教學專業上的投入，發展出許多有趣而令人激賞的教學示範，

以及闡釋觀念的方式，讓很多原本不可能喜愛物理的學生，對物理產生興趣。

休伊特認為：教學不僅僅是工作，也不僅僅是專業，而是一種對待生命與生活的態度；

因此對於當老師的人來說，盡力把教學工作做好，是非常重要的一件事。

因為，不論學生有多大的熱情，老師都有能力把它澆熄；

但老師也同樣也有能力去激發學生，讓他們發揮出最大的潛能。

休伊特相信：學物理應該是很有趣的，雖然也許要相當用功，但一定是有趣的事。

《觀念物理》這套書正是他這個信仰底下的產物之一。

譯者簡介

常雲惠

中國文化大學中文系畢業，國立清華大學歷史研究所科技史組肄業，

紐西蘭懷卡托大學運動休閒研究所學士後文憑。

曾任台灣中學國文教師與紐西蘭華語文教師。

研究領域為劍道與青少年發展、休閒事業之經營與管理。

英文筆譯與科學史為主要的業餘興趣。

早期譯作散見於1994-1996的《世界地理雜誌》，

譯有《看見心靈的角落》（書泉出版社）、

《雷達英雄傳》、《霍金 —— 前妻回憶錄》

（以上二書與常雲鳳合譯，天下文化出版）。

目前除專心陪女兒成長之外，並擔任紐西蘭懷卡托劍道協會會長，

致力於劍道教學教案發展，翻譯與編輯劍道相關書籍。

導讀
別讓數學計算成爲物理觀念的絆腳石

蔡坤憲

從高中開始，物理一直是最讓我頭疼的科目，卻也帶給我最多學習的樂趣。

我想我很幸運，從一個學不太懂物理的高三學生，有機會成爲國中理化與高中物理教師。幸運的是，我沒有因爲物理是我大學聯考中成績最低的一科而不敢選擇物理系，這使我有機會一窺物理世界的堂奧；更幸運的是，我能有機會站在講台上，不僅和學生分享學習的喜悅，更有機會回過頭來，看看當初的自己，爲什麼會覺得物理是那麼地令人頭疼！

爲什麼我會覺得這本書值得推薦與翻譯？該怎麼幫本書的中文版做導讀？我想，也許從本書作者休伊特教授的生平開始，讀者會比較容易了解本書的特色以及作者的用心。

作者生平簡介

本書作者於1982年，獲得美國物理教師學會頒發的密立根講座獎（Robert A. Millikan Lecture Award），他之所以獲獎是因爲他在物理教學專業上的投入，發展出許多有趣而令人激賞的教學示範（譬

如第 5 章的釘床示範），以及他闡釋觀念的方式，讓很多原本不可能喜愛物理的學生，對物理產生興趣。此外，他出版的書、文章與影片，除了幫助許多學生對物理有更好的理解之外，也使得不少物理教師與教科書作者，在物理觀念的詮釋上獲得不少啟示。

中學時期，休伊特的夢想是拿下全美羽量級的拳擊冠軍，他的高中導師說他相當具有藝術才華，所以「不需要」在學科上下太多功夫，事實上，他的確沒有在高中畢業後繼續就讀大學。在結束了拳擊手的夢想之後，他開始學習漫畫，先是在印刷廠工作，後來又轉到廣告公司，從事戶外廣告招牌的繪畫工作。

在畫廣告招牌時，休伊特受到幾位同事及「科學先生」弗雷斯科（Jacque Fresco，未來學家，維納斯計畫主持人）主講的大眾科學講座的影響，對科學、科技與人類社會的關係產生興趣，於是決定回到學校，在麻州的羅爾（Lowell）技術學院繼續正規教育，那年他 27 歲，選擇就讀於物理系，是班上年紀最大的學生。

休伊特回憶，在他讀大學時，有一位高德（Raymond Gold）博士，是個非常優秀的物理老師，他的教室在學校三樓，負責教授十多位高年級學生及研究生。而作者則和其他 600 多位大學新鮮人，一同擠在偌大的講堂，聽著授課經驗稍嫌不足、技巧稍顯生疏的老師上課。結果，這 600 多名學生裡，只有少數的人留下來繼續攻讀物理，其他的人後來都轉讀別的科系了。

他總認為這樣的安排是個錯誤。優秀的老師，應該是安排去教低年級的基礎課程，而上課技巧稍差的老師，則安排去教高年級的課程。在大一那一年結束時，他便知道自己的志願，他想當個老師，想當個像高德一樣優秀的老師，或是像弗雷斯科那樣，當個「Mr. Turn-on Man」，點燃學生學習科學的熱情！

由於當時任教那個大學的老師，至少都有碩士學位，所以作者知道自己如果想像他們一樣，也必須攻讀碩士學位才行。大學畢業後，作者轉往猶他州州立大學，並在 1964 年取得科學教育與物理的碩士雙學位。之後，休伊特到舊金山城市學院開始他的教學生涯，期間也在舊金山市的科學博物館主持一些展覽教學活動。他在 1999 年從舊金山城市學院退休。

附帶一提，如果你知道《物理教師》（The Physics Teacher）這本期刊，每一期幾乎都有一道用漫畫畫的物理問題，它們的作者正是有漫畫背景的休伊特。

我是在「教人」，不是在「教書」

在休伊特獲頒密立根獎那年，他已經教了 18 年的書，有人問他這樣年復一年的教牛頓運動定律，難道不覺得累？他舉一位魔術師朋友的例子來回答，他說：「我的疲累，不會比我的魔術師朋友多，他已經當了好多年的魔術師，但我每次看到他，他都是神采飛揚地從小朋友的耳朵裡，變出預藏在手掌裡的銅板，因為他知道，觀賞他表演的小朋友，每一次都是不同的人！」「我不是在教牛頓運動定律，我是在教人；每一學期不同的新人，都是不知道牛頓定律可以提供他們一個嶄新、有趣的方法，來看他們周遭世界的新人！」

關於「教學」，作者認為教學不僅僅是個工作，也不僅僅是份專業，而是一種對待生命與生活的整體態度。因此，對於當老師的人來說，盡力把教學工作做好，是一件非常重要的事。因為，不論學生有多大的熱情，老師都有能力把它澆熄，但老師也同樣有能力去激發學生，讓他們發揮最大的潛能。

休伊特相信，學物理「應該」是很有趣的，或許要相當用功，

但一定是件有趣的事，而這書正是他信仰下的產物之一。

別讓數學成為學習物理的絆腳石

我相信，一般人對物理的印象就是「很多數學」。更多的人認為數學不好的人，物理一定也學不好。其實，本書第Ⅰ冊的譯者雲惠，也是我的妻子，就曾告訴過我，在她國中時，她的父親便對她說過類似的話。這樣的誤解，除了使很多原本數學不太好的人，或是畏懼數學的人，少了學習物理的信心，也使得他們在其他自然學科之外，缺少了經由物理反過來理解數學的機會。

我同意在高深的物理世界裡，數學是一個不可或缺的工具或語言，然而，在我們的學生還在「襁褓」階段時，數學絕對不能成為啟發他們對物理產生興趣的障礙。

長久以來，很多的物理或理化教師，在教物理時都是以數學為出發點，或是把教學重心放在解題上，學生早在看到「物理觀念」之前，不知道已經被數學計算帶到哪裡去了，這個現象不論在台灣或美國都一樣普遍。

除此之外，很多的學生不喜歡物理的理由，並不是因為「困難」，而是因為「無聊」。他們可能是成績不錯的一群，也許用功、也許聰明，很快就能掌握哪一種題型應該代哪一個公式。我們怎麼可能期待學生從這種機械式的學習過程得到樂趣？

物理觀念為主，數學計算為輔

休伊特曾以望遠鏡與天文學為例，說明數學在物理教學中應該扮演的角色。他認為數學之於物理學，就像望遠鏡之於天文學，都是非常重要而不可缺少的工具。假設有個學生對天文學感興趣，選

修了天文學導論，結果一整個學期下來，天文學老師就只專注在解說望遠鏡的構造細節或操作方法，完全沒有讓學生有機會透過望遠鏡去看看天空，試想，這個學生還會維持對天文學的興趣有多久？

然而，很多老師教授基礎物理學的方式，就類似上述那位教天文學的老師。我們把好多物理課的時間，都花在代數、三角函數、座標圖與有效數字等「工具」上，而不是花在物理觀念上。

利用數學求解物理問題本身並沒有什麼過錯，解題的確也可以加深對物理觀念的理解，只要這些問題是「觀念導向」，而不是「數學導向」。然而，在基礎物理課程中，過分強調「量」的理解，卻容易產生兩個缺點。

首先，是所謂的「死讀書」。許多同學對自由落體的計算題，可能都很拿手，但卻也認為往上拋的小石頭之所以會減速，是因為手作用給它的力漸漸減小的緣故。同樣地，很多同學可以正確地背出「1牛頓等於9.8分之一公斤重」，但卻對「1牛頓」的大小沒有感覺。

其次，在數學計算上花太多的時間，會浪費很多學習有趣物理基本觀念的時間。譬如說，大家都知道愛因斯坦的「狹義相對論」很重要，但對一般的高中生來說，相對論卻是一門非常「神秘」的學問。休伊特寧可省去在運動學上鑽牛角尖的時間，而把時間花在對高中生講解相對論的基本觀念上。

然而，別誤會了，作者完全沒有輕忽數學計算在物理教學上的重要性，相反地，作者不厭其煩地在本書中使用文字、漫畫、圖表或照片，來解釋隱藏在方程式背後的意義，同時，也藉此教我們如何利用數學方程式，來幫助我們思考問題。

一本很好的「另類」參考書

原書在設計上，雖是一本寫給美國高中生的物理教科書，但在我看來，它也非常適合台灣學生，拿來做為自行閱讀的參考書。

目前台灣坊間常見的參考書，大都還是偏重在公式解題的層次上，至於所謂的「觀念」，常常就是在解題計算的過程旁邊，畫個方格或漫畫，加上一兩句簡短的「文言文」，提醒學生或供記誦之用。至於物理或理化教科書，則因限於篇幅，對許多的觀念只能精簡地提供一個「骨幹式」的說明，期待老師利用上課的時間，自行補充或與同學討論。

相對來說，休伊特除了盡量避免用數學公式來講解外，在觀念的說明上，也常取材自日常生活中常見的現象，或是基本的科學史料，並以淺顯的白話口語來做說明。

我想先從學生的觀點來看這本「另類」參考書。如果你也和我以前一樣，總是覺得老師在講解觀念時，時間花得太少、講得太快，那麼作者這種「娓娓道來」的寫作風格，正好讓本書擔綱你的另一位老師，細心耐煩地向你解說物理觀念的內涵，讀起來就像你親自坐在他的課堂上課一樣。

不論你現在是國中生或高中生，在閱讀本書時，請先暫時把對物理公式那份「憂慮感」放下，跟著書中的文字，仔細去思索本書所討論的各個物理觀念或現象，確定自己已經理解這些觀念之後（做習題，是確定自己是否理解的好辦法！），再去擔心考試可能會碰到的計算題。相信你會感覺到，原來計算題並沒有想像中困難！

當然，若你在閱讀本書時，仍遇到了百思不得其解的問題，別擔心，就近去找你的老師討論，即使你還不是很懂那個觀念，但相

信在你用心閱讀了本書的討論之後，也已經具備了相當的能力，可以去和老師討論問題了！

除此之外，作者認為光是聽老師上課講一遍，很容易就會忘掉，若是能用自己的話說一遍，相信這會令你想忘記也難，這是光靠背物理公式無法達到的效果。因此，休伊特期待大家都能多去「說」一點物理，不僅在課堂上，甚至在下課後、等公車，甚至和父母或朋友用餐時都可以說上一說。

我再提一個自己的經驗。有幾次參加教學研習活動，聽到有些老師在討論他們上課碰到的困難，就是在面對一些考題時，老師們自己會解，但除了用數學公式算給學生看之外，總覺得很難用「話」說清楚。如果你不巧有這種困擾，同時也和那些老師一樣，正積極尋找有用的參考書的話，那麼本書會是個不錯的選擇。

用自己的話來說物理

如同我先前說過的，這是一本寫給美國高中生的物理教科書，所以書中所舉的例子，當然會是以美國人周遭的生活環境為主，尤其是涉及所謂STS（科學、技術與社會）的討論時，作者自然以美國人關心的題材為主。

我相信，這也是我們許多老師都正在做的事。不論本書再怎麼好，有些內容對台灣的同學來說，可能還是會覺得不夠貼切，無法引起共鳴，譬如美國就沒有「核四問題」。我想，在這種情形下，就是老師發揮影響力的時候了。

我總相信，每一位在教學用心的老師，都有他很獨特的一套，本書的作者是一例，多年前暢銷的《蘇菲的世界》作者，也是一例。希望透過這本書的翻譯與出版，拋磚引玉，能讓更多的老師，

用自己的話及生活周遭的例子，來敎物理或其他任何學科。我們未必要以成爲暢銷書的作者爲志願，但相信受惠最多的，會是那群我們用心敎導的學生。

　　綜觀作者的生平，也曾是物理老師的我，有一點小小感觸。在台灣，社會大衆普遍認爲，追求高深的物理知識，比發展物理敎學方法來得「有價值」，簡單地說，就是科學家比老師來得有學問。我非常反對這樣的價值觀。科學家與敎師的學問，根本就是不能比較的！因爲各自用心的地方不同，而本書的作者，剛好是一個很好的例子，我相信他對物理學界的貢獻，絕對不比任何一位諾貝爾物理獎得主來得低。試想，如果大多數的老師，都認爲自己的工作是件沒有價值的事，或大衆無法體認到敎育工作者的價值，又有誰會在敎書之外，用心去敎導學生呢？

誌　謝

　　沒有一件事，是單靠一個人的力量就可以完成的，我希望能藉著寫這個導讀的機會，對所有促成本書中文版問世的人，表達一點謝意。首先是我在懷卡托大學的學姊張慧貞博士，本書就是在和她討論物理敎育問題時發現的。其次是我的妻子雲惠，若沒有她的鼓勵，以我有點內向的個性，實在不會向天下文化推薦這本書。再來是天下文化「科學天地」系列的主編林榮崧先生，很高興他認同我推薦這本書的理由。最後則是包括版權人員、其他譯者、責任編輯、美術編輯等所有的幕後工作人員。

觀念物理 I

導　讀　別讓數學計算成為物理觀念的絆腳石⋯⋯⋯⋯⋯⋯⋯⋯ 一

給學生的話⋯⋯⋯⋯⋯⋯⋯⋯⋯⋯⋯⋯⋯⋯⋯⋯⋯⋯⋯⋯⋯⋯⋯⋯⋯1

第 1 章　關於科學⋯⋯⋯⋯⋯⋯⋯⋯⋯⋯⋯⋯⋯⋯⋯⋯⋯⋯3

　　　1.1　基礎科學 ── 物理學
　　　1.2　數學 ── 科學的語言
　　　1.3　科學方法
　　　1.4　科學態度
　　　1.5　科學的假說必須是可檢驗的
　　　1.6　科學、科技與社會
　　　1.7　科學、人文與宗教
　　　1.8　結語

第一部　力學⋯⋯⋯⋯⋯⋯⋯⋯⋯⋯⋯⋯⋯⋯⋯⋯⋯⋯⋯⋯⋯21

第 2 章　直線運動⋯⋯⋯⋯⋯⋯⋯⋯⋯⋯⋯⋯⋯⋯⋯⋯⋯23

　　　2.1　運動是相對的
　　　2.2　速率
　　　2.3　速度
　　　2.4　加速度
　　　2.5　自由落體：掉落的快慢

牛頓運動定律・動量———目錄

2.6　自由落體：掉落的距離

2.7　運動圖示法

2.8　空氣阻力與掉落的物體

2.9　多快、多遠、變化多快

第 3 章　拋體運動————————————55

3.1　向量與純量

3.2　速度向量

3.3　向量的分量

3.4　拋體運動

3.5　上拋運動

3.6　快速運動的拋體——衛星

第 4 章　牛頓第一運動定律
　　　　——慣性————————————81

4.1　亞里斯多德的運動學說

4.2　哥白尼與運動中的地球

4.3　伽利略與運動

4.4　牛頓的慣性定律

4.5　質量——慣性的量度

4.6　淨力

4.7　平衡——淨力等於零時

4.8 力的向量加法

4.9 再談運動中的地球

第 5 章 牛頓第二運動定律
——力與加速度 111

5.1 力造成加速度

5.2 質量抗拒加速度

5.3 牛頓第二運動定律

5.4 摩擦力

5.5 壓力

5.6 解析自由落體

5.7 落體與空氣阻力

第 6 章 牛頓第三運動定律
——作用力與反作用力 135

6.1 力與交互作用

6.2 牛頓第三運動定律

6.3 辨別作用力與反作用力

6.4 不同質量物體的作用力與反作用力

6.5 作用力和反作用力會互相抵消嗎？

6.6 馬—車問題

6.7 作用力等於反作用力

第 7 章　動量————————————————————————155

　　7.1　動量

　　7.2　衝量改變動量

　　7.3　反彈

　　7.4　動量守恆

　　7.5　碰撞

　　7.6　動量向量

第 8 章　能量————————————————————————181

　　8.1　功

　　8.2　功率

　　8.3　機械能

　　8.4　位能

　　8.5　動能

　　8.6　能量守恆

　　8.7　機械

　　8.8　效率

　　8.9　生命所需的能量

附錄　A　量度單位————————————————————213

附錄　B　物理中的單位運算——————————————218

附錄　C　作圖————————————————————————224

附錄　D　力學的向量應用——————————————————229

　　　　　圖片來源——————————————————————233

觀念物理 II：轉動力學・萬有引力

第 9 章　圓周運動
第10章　重心
第11章　**轉動力學**
第12章　萬有引力
第13章　重力
第14章　衛星運動
第15章　狹義相對論 —— 空間與時間

觀念物理 III：物質三態・熱學

第二部　物質的性質

第17章　物質的原子本質
第18章　固體
第19章　液體
第20章　氣體

第三部　熱

第21章　溫度、熱和膨脹
第22章　熱傳遞
第23章　相的變化
第24章　熱力學

觀念物理 IV：聲學・光學

第四部　聲與光

第25章　波與振動

第26章　聲音

第27章　光

第28章　顏色

第29章　反射與折射

第30章　透鏡

第31章　繞射與干涉

附錄 E　光學的向量應用

觀念物理 V：電磁學・核物理

第五部　電與磁

第32章　靜電學

第33章　電場與電位

第34章　電流

第35章　電路

第36章　磁學

第37章　電磁感應

第六部　原子與核物理

第38章　原子與量子

第39章　原子核與放射性

第40章　核分裂與核融合

附錄 F　指數成長與倍增所需時間

附錄 G　為從事物理工作預做準備

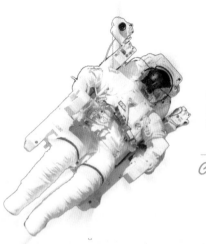

給學生的話

Conceptual Physics - The High School Program

如果不懂遊戲規則，你就無法充分享受到遊戲的樂趣。

不論是棒球賽、打電動或是團體遊戲，若你不了解規則，

任何遊戲都會很無趣。你會錯過別人享受到的樂趣，

就像一般人聽不到音樂家所聽出來的樂音，或品嚐不到廚師咀嚼到的滋味。

同樣地，一個熟知大自然規則的人，會比其他人更能欣賞大自然的美妙。

衛星依循的規則其實和打出去的棒球一樣，

如果你學會了這一點，你對太空人的觀點將會改變。

在了解光的原理後，你看藍天、白雲和彩虹的方式也會不同。

生命的豐富不只在於用寬廣的視野來看世界，更要知道我們在追尋什麼。

我們就從探討一些自然界的基本規則──物理開始吧。

本書完全以「觀念」的方式來探討物理，

也就是說，我們會以日常生活用語，

加上一些可「引導思考」的公式來解釋物理觀念。

在動手計算之前先懂得觀念，才是真正理解的關鍵。

現在，請享受學習物理的樂趣吧！

第 1 章

關於科學

想一想，如果能住在外太空裡，會是怎樣的感覺呢？直覺上，這似乎是針對太空人提出來的問題，特別是那些曾經有過太空漫步經驗的太空人。可是，再仔細想一想，這其實是針對我們每一個人的問題，因為我們「現在」就住在外太空裡。事實上，我們無時無刻所生活的地球家園，打從一開始，就一直是在所謂的外太空裡，而且，還以超乎人類所能控制的速率，一圈又一圈繞著太陽飛馳。太空人從太空中，所拍攝回來的地球照片，改變了我們對這個在太空中的家園的看法——一小塊孕育生命的花園行星而已。

儘管我們無法控制地球的運動，卻已經可以理出它運行的規

則；這些規則的發現，不知需要多少研究人員嘔心瀝血，歷經多少代人類的歷史文明，才累積得出這些成果。科學，正是對自然規則的研究。這些規則出人意料地稀少，卻解答了地球為什麼是圓的、為什麼海洋與天空是藍色、但黃昏時的天空卻是紅色這樣的現象。豐富生命的方法，不僅僅只是用寬廣的視野來看世界，而是認識到事物之間的關聯性。了解大自然的規則，就能夠豐富我們看待這個世界的方式。

　　科學發展的根源，應該追溯到史前時代，當人類首次發現自然界中的規律與關聯時。規律之一，夜空中的星星所排列出的種種圖樣；另一個規律，是一年之中的天氣型態，譬如雨季的開始，或是晝夜長短的轉換等等。人類根據這些規律學會了預測，並為那些在乍看之下毫無干係的事物找出關聯。經由這些努力與累積，人類愈來愈了解自然界的運作方式。無時無刻不在茁壯的知識本體，只是科學的一部分，然而，科學的較大部分，則是用來產生這些知識的方法。科學不但是一個知識體，也是一種思考的方式。

▲圖1.1
從外太空看到的「地球太空船」。

1.1　基礎科學 —— 物理學

　　當今所謂的「科學」，其實等於以前所謂的「自然哲學」。自然哲學的研究對象，是大自然裡還沒有被解答的問題，一旦這些問題的答案找到了，它們就成為現在所謂「科學」的一部分。

　　現今的科學研究，已經分支為「生物」與「非生物」兩研究方向，即「生命科學」以及「物質科學」。生命科學又細分為生物學、動物學以及植物學等領域，而物質科學則有地質學、天文學、化學

以及物理學等分支。

　　物理學不只是物質科學的一部分而已，它可以說是所有科學研究最根本的基礎。它是關於運動、力、能量、物質、熱、聲、光以及原子的組合等基本事物的本質。化學是關於物質如何結合在一起、原子如何鍵結成分子，以及分子是以哪一種方式化合，而產生環繞在我們周遭的各種物質。相對而言，生物學仍舊是比較複雜的學門，而且涉及到有生命的物質，因此，我們可以說物理學支援了化學，而化學接著支持生物學。物理學的概念是這些比較複雜的學門的基礎，這就是為什麼物理學被稱為是最基礎的科學。假若你先了解物理學，就更能了解其他科學。

1.2　數學 —— 科學的語言

　　十七世紀時，人們學會以數學來分析及描述自然，科學便產生了本質上的變化。當人們以數學語彙表達科學概念時，那些概念變得相當明確，所以就不會像以日常生活用語表達時那樣，因為涵義廣泛，經常讓人混淆。當自然界的發現是以數學的方式表現時，它們變得更容易經由實驗加以證明或反證。經由數學及實驗的方法，科學獲得了巨大的成就。

　　儘管數學是一項精通科學的重要工具，但卻不是本書的焦點所在。相反地，本書的重點在於，什麼應該先出現在數學公式之前，也就是物理的基本想法與觀念 —— 透過「語言」（而非數學）來說明。你將會注意到，在每一章節末「觀念一把抓」中「想清楚，說明白」的練習題數目，往往超過需要以基本代數來解題的習題數

目。本書主要透過語言文字，幫助你把觀念和想法具體化來學習物理，其次才用數學語彙及公式來加強。本書刻意不強調一般物理書常見的代數解題方法，正是希望讓你對基本的物理觀念有更好的理解，因為強調以代數解題的教學方式，通常會模糊焦點，把物理問題變成數學問題。

1.3 科學方法

義大利物理學家伽利略（Galileo Galilei, 1564-1642）以及英國哲學家培根（Francis Bacon, 1561-1626），通常被譽為「科學方法」的

◀圖1.2
伽利略（左）與培根（右）被譽為科學方法的奠基者。

主要創立者，這是一種在獲得、組織以及應用新知識時非常有效的方法。科學方法的基本原則如下：

1. 確認問題。
2. 對問題的可能答案，憑經驗或既有知識提出猜測，也就是「假

說」。

3. 預測假說可能導致的結果。

4. 進行實驗，對預測的結果進行測試。

5. 根據假說、預測以及實驗結果等三項基本要素，用公式寫出最簡潔的規則。

　　儘管這種「食譜式」的方法具有一定的吸引力，但就科學的發現及進步而言，它並不是萬能的。嘗試錯誤、未經猜測的實驗、或者純屬意外的科學發現，屢屢促成科學的重大進展。科學的成就，與其說和某一特定的方法有關，不如說科學家所共有的態度才是重要的因素，這種態度即是在得出事實前，科學家所抱持的探究、實驗以及謙遜的精神。

1.4　科學態度

　　在科學中，所謂的「事實」，是由一群受過訓練、足能勝任的觀測者，對同一個現象，進行一系列觀測之後得出的一致結論。另一方面，科學的假說，是一個有根據的推測，這個推測在經實驗證明之前，我們只推測它是真實的。當這假說經過檢驗再檢驗，而且並未產生任何矛盾時，就成了大家所熟知的「定律」或「原理」。

　　假若有科學家發現了某個與假說、定律或原理相抵觸的證據，則根據科學精神，該假說、定律或原理必須更改，甚至是放棄（除非該項證據後來證明是錯誤的，這種狀況有時候會發生）。一名科學家，必須有隨時修正、或放棄某個想法的心理準備。例如，備受尊

敬的希臘哲學家亞里斯多德（Aristotle, 384-322 B.C.）曾聲稱，當一物體的重量是另一物體的兩倍時，該物體向下掉落的速度，是後者的兩倍。由於亞里斯多德具備不可撼動的權威性，致使這個錯誤的觀念在接下來將近二千年的時間，一直被認為是對的。然而，就科學的精神而言，一項可供驗證的實驗，比任何權威更為重要，而不論提出者的名聲有多響亮，或有多少的追隨者或擁護者。對現代科學而言，藉由訴諸於權威而提出的論據，並無多少價值。

科學家必須接受他們所發現的事實，即使該事實與他原來的假設不符。他們必須奮力區別出他們所看到的，以及他們期望看到的，然而他們跟大多數的人一樣，都擁有相當的自欺能力。（你目前的教育程度，也許還不足以讓你覺察到別人可能試圖欺騙你，但是卻讓你有能力覺察到自我欺瞞的傾向。）人們總是傾向採用一般的規則、信仰、教條、想法或假說，但卻沒有徹底質疑這些信念的合理性，而是保有這些想法，直到它們被證明是錯誤或可疑的為止。最被廣泛接受的假設，經常也是最少受到質疑的。最常發生的情況是，當一個概念被接受之後，人們的注意力便會著重在那些看起來支持它的論據上；而看似與該概念抵觸的論據，則往往遭到歪曲、貶損，要不就是被忽略。

科學家所使用的「理論」一詞，與日常生活用語的意義不同。在日常生活的對話中，「理論」與「假說」有著相同的涵義，都是指未經證實的推測，但在科學的用語中，「理論」一詞指的是一大群資訊的知識綜合體，這個綜合體包含了一些關於自然界某些領域內充分測試過及驗證屬實的假說，例如，物理學家所說的原子理論，以及生物學家談到的細胞理論。

科學的理論並非固定不變，反倒是經歷種種的改變。科學理論

事實是關於自然界可以修正的資料

理論用來解釋事實

▲圖 1.3
科學理論依賴科學事實。

隨著一次次重新定義、精煉而演變，在過去的數百年間，每當有新證據出現，原子理論便再一次改進。同樣地，生物學家也不斷改進他們的細胞理論。

理論的精煉是科學的長處，而不是弱點。多數人都認為「改變想法」，代表著意志不夠堅定，但稱職的科學家應該對於改變想法很內行。然而，他們只有在面對有肯定根據的實驗反證，或者有觀念更簡單的假說迫使他們接受新的觀點時，才會改變想法。改良信念，比捍衛它們更為重要；較好的假說是由那些肯誠實面對事實的科學家所提出的。

伴隨科學態度的，是一種對秩序、統一與自然事物中定律之間關係的搜尋，這些搜尋使預測得以進行。我們愈了解大自然，就愈能夠掌控人類的命運。

1.5　科學的假說必須是可檢驗的

在一個假說被歸類為「科學的假說」之前，它必須與我們對自然的基本了解相連，並且符合一個基本的法則，這個法則就是該假說必須是可以接受檢驗的。對檢驗假說的方法而言，證明假說為「誤」的方法，會比證明假說為「真」的方法，還來得重要。

乍聽之下，這個說法似乎有點奇怪，因為我們通常比較關心，某事是否證明為真。然而，科學的假說不同於一般，事實上，如果你要判斷一個假說是不是科學的假說，只要想想是否有可以證明它是錯誤的試驗方法就可以了，假如沒有任何試驗可以驗證它可能的錯誤，那麼它就不是個科學的假說。愛因斯坦（Albert Einstein,

▲圖 1.4
用實驗對科學假說進行檢驗。

1879-1955）有一段話充分反應了這個想法：「沒有實驗可以證明我是對的，但只要一個實驗便可以證明我是錯的。」

看看下面這個假說：天空的行星排列成一直線時，是做決定的最佳時機。很多人都相信這個假說，但這並不是個科學的假說，因為它既不能被證明是錯的，也不能被證明是對的，它只能算是個臆

❓ Question

下列哪一項屬於科學的假說？
(a) 原子是物質最小的粒子。
(b) 有另外一個宇宙，包圍著這個宇宙，而且科學家無法
    偵測到它的存在。
(c) 愛因斯坦是二十世紀最偉大的物理學家。

Ⓐ Answer

只有(a)屬於科學的假說，因為有試驗可以證明它是錯誤的。這個假說不僅可以證明是錯誤的，事實上它已經被證明是個錯誤的假說了。並無實驗能證明敘述(b)可能有誤，所以它不是屬於科學範疇的假說。某些偽科學家以及冒牌學者，對於他們所陳述的事，甚至不會考慮是否有試驗能驗證它們可能的錯誤。敘述(c)算是一個主張，所以沒有試驗可以驗證其可能的錯誤。設若愛因斯坦並非最偉大的物理學家，我們又如何得知呢？值得注意的是，由於人們提起愛因斯坦的名諱時，普遍帶有高度的敬意，使它變成偽科學家的最愛。因此，我們對於江湖術士經常引用到愛因斯坦，或其他傑出並值得尊敬的人物時，無須感到過度驚訝，因為，他們只是希望人們因此而尊敬他以及他所表達觀點而已。

測。同樣地,「在浩瀚宇宙中的某個星球,存在著其他有智慧的生命」這個假說,也不能算是科學的假說。儘管只要一個單一例證,就可以證明這個假說為真,但如果我們無法在地球外發現任何生命跡象,我們還是沒辦法說這個假說是錯誤的。假如我們花了很長很長的時間,搜索了宇宙中我們儘可能到達的地方,但是沒能發現任何生命跡象,在這個情況下,我們還是無法證明生命不會在「下一個角落」存在。再舉個例子,「遇到紅燈時,大多數的人都會停下腳步」這個假說,同樣也不屬於科學的範疇,但是原因卻與前述的例子不同。儘管檢驗出它對錯的方法相當容易,但是這個假說卻與我們對大自然的基本了解毫無關聯,它並不符合科學的架構。

以下便是一個科學假說的例子:沒有任何物體跑得比光速快。雖然目前已有上千個實驗可以支持這個假說,但是只要一個實驗,便足以證明它是錯的(截至目前為止,我們相信這個假說無誤)。若無任何試驗可以證明某個假說具有潛在的錯誤,該假說便不在科學的範疇內。

1.6 科學、科技與社會

科學與科技(technology,又譯為技術)不同;科學是一種回答理論問題的方法,科技則是一種解決實際問題的方法。科學是發現在自然界可觀測的現象中,有些什麼事實以及它們之間的種種關係,據此建立一些理論來組織、了解這些事實與關係。科技則是關於工具、技藝以及程序,希望把科學上的發現,具體化成實際的應用。

科學與科技都是人類的事業，只是方向不同。在決定進行哪些問題的研究時，科學家大都以個人興趣爲準，當然，有時候也會受到渴望服務人類或報效國家等因素的影響。基本上，科學家更常爲好奇心，這種單純的求知慾所驅使，他們儘可能在不受現時流行、信仰以及價值判斷影響下，追求知識。因此，科學上的發現，可能會震驚或觸怒某些人，達爾文（Charles Darwin, 1809-1882）所提出的演化論便是著名的例子。但是，科學本身並不會干擾人類的生活，反之，科技則會；科技一旦被引進人類的生活裡，我們便很難忽視它們的存在。技術人員爲了使人類便利與享受，會開始從事設計、創造或建立一些東西，這通常是爲了讓人類過得更好。然而，有些科技會產生副作用，甚至引發一些不得不解決的問題。雖然科技源自科學，但在它如何影響人類生活的考量下，科技勢必得接受合理的審判。

▲圖1.5
科學與科技是「互補」的。

我們都很熟悉科技是如何遭到濫用。許多人將環境污染、自然資源的耗盡、甚至社會腐敗都歸罪到科技頭上，這種指責常常掩蓋了它的遠景——一個更乾淨、更健康的世界。運用知識來對抗科技所帶來的危險，要比無知地對抗它來得明智，有智慧地運用科學與科技，才會使我們生存的世界變得更加美好。

科學與科技對我們日常生活的影響，可說前所未有地廣泛。人類現在對於大自然的巧妙平衡具有更大的影響力，伴隨這份影響力而來的，是一份維持大自然平衡的責任，然而要盡到這份責任，我們必須先了解大自然的基本規則。人們必須具備這個世界是如何運作的相關知識，才有能力處理諸如酸雨、溫室效應以及有毒廢棄物等問題。對人類社會而言，隨著新事實的發現，以及對於保護地球的新想法的需求，科學的思考方式變得極其重要。

科學探討的是宇宙的秩序

宗教探討的是宇宙的目的

▲圖1.6
科學與宗教屬於不同的領域。

1.7　科學、人文與宗教

　　人類對於宇宙秩序及其存在意義的追求，分別以不同的型態出現，分別是科學、人文與宗教。儘管這三大領域都可以溯源至數千年前，但是若與藝術及宗教相比，科學傳統的興起仍舊是比較晚近的事。更加重要的是，儘管科學、人文與宗教三者之間有所重疊，它們仍舊是分屬於不同的領域。科學主要是在發現與記錄自然現象；人文所關注的，是談到與感官有關時，人類互相影響的價值；而宗教則是關心每一件事物的來源、目的以及意義。

　　科學與人文的主要價值無分軒輊。文學讓我們認識喜、怒、哀、樂等各種情感，即使我們尚未經驗到那些感覺。藝術雖不必然會給我們那些經驗，但也一樣描述出這些情感，讓我們知道，有哪些是我們潛藏於心的。同樣地，科學告訴我們自然界的種種可能性，科學知識幫助我們預測自然界裡可能會發生的事，即使是在我們經驗到這些事件之前。科學知識提供我們一種連結不同事物的方式，使我們能夠看見事物之間，及其內在的關係，也使我們能夠理解生活周遭的自然事件。科學拓寬了我們對於大自然的觀點。一位真正受過教育的人，應該同時具備人文與科學二方面的知識。

　　科學與宗教並不相同。科學的範疇，是自然的秩序；宗教的範疇，則是自然的目的。宗教的信仰與實踐，通常包含對至高無上的神以及創造人類社群的一份信念與崇拜，而非對科學的實踐。就這方面而言，科學與宗教的不同，就如蘋果與橘子之間的差異一樣，只是不同而已，沒有互相抵觸。與其說科學與宗教是矛盾的，倒不如說它們是「互補」的兩個領域。

　　在本書稍後的章節裡，我們會學到「光」的本質，一開始我們會先把光視為「波」，然候再把它視為「粒子」。對於那些只懂得一點點物理的人來說，波與粒子是二個相互矛盾的東西，也就是說「光」只能是粒子，或者只能是波，而人們只能在這二者當中選擇其一。但是，就深刻洞悉其中道理的物理學家而言，波與粒子卻是互補的觀念，且讓我們對「光」的本質，有更深入的認識。同樣的，那些對科學與宗教的更深一層本質認識不深或誤解的人，經常認為他們只能從中選一，但假若我們對於科學與宗教都有足夠的了解，便可毫無矛盾地擁抱它們。

⑦ Question

下列哪一項包含了人類豐富的熱情、天份以及智慧？

(a)藝術　　(b)文學　　(c)音樂　　(d)科學

Ⓐ Answer

以上皆是！在這本書中，我們把焦點集中在科學，這個由各式各樣的人共同分享的迷人活動。隨著現今各式工具、技術的協助，我們的觸角得以伸展更遠，並且發現更多關於人類自身及所處環境的事實。當我們對科學的認識愈深，我們對周遭的環境就會投注愈多的熱情。物理是無所不在的！我們眼睛看到的、耳朵聽到的、鼻子嗅到的、舌頭嚐到的以及身體碰觸到的，都是物理的一部分！

1.8　結語

　　三千多年前，有一群人投注龐大的精力，在埃及建造了金字塔，這是人類憧憬宇宙而建立的最偉大歷史遺跡，不僅如此，金字塔還證明了人類對於進一步深入了解宇宙所具有的天賦、耐力以及渴望。幾世紀前，在近代的歷史中，人類把才華轉向大型石材與大理石的建築結構，天主大教堂、猶太教堂、佛教廟宇、以及回教清真寺等，在在都展現出人類對宇宙的憧憬。其中有部分的建築，需要長達一個世紀以上的時間來完成，這意謂沒有人可以同時目睹該建築的開始與結束，即使是壽命最長的建築師或是參與初期土木工程的人，也沒有辦法能活著看到他們的勞力成果。他們終其一生，都處在一棟看來無始無終的建築物陰影下。

　　人類之所以投注這樣龐大的精力，不僅僅是對人類俗世的關注而已，而是一份對宇宙的憧憬。對於當時的人們而言，他們所建立的是「信念太空船」，儘管這些「信念太空船」是固定在地球上，但在意念上，卻是指向宇宙的。

　　現今的許多頂尖科學家、工程師以及技術人員，正在努力建造環繞地球軌道運行，或航向宇宙的太空船。相較於過去建造那些巨型石材或大理石建築所耗費的時間，建造這些太空船的時間縮短了許多。今日，許多正在參與太空計畫的人員，都曾目睹第一架噴射客機載客升空的過程，若以相同的時間來推想，現在這一代的年輕人，不知在將來的年代會經歷到怎樣的世界？

　　我們似乎正處於人類成長過程中一個巨大變化的黎明階段，像是小雞在破殼而出之前那段胚胎發育過程。當胚胎耗盡蛋殼裡的所

有養分，並準備破殼而出時，這像是它成長發育的最後一刻。然而，看起來的終點，其實是個另一個階段的起點。我們是不是就像正在孵化的雛雞，準備好要迎向全新的可能？我們探索外太空的努力，是否就是人類新紀元來臨前的先兆呢？

地球是我們的搖籃，將我們化育得很好，但不論搖籃再怎麼舒適，終究有承載不下我們的一天。伴隨那份早期建築天主大教堂、猶太教堂、佛教寺廟以及回教清真寺的精神，現在我們的目標對準著宇宙。

我們正活在一個令人興奮的年代！

觀念一把抓

觀念摘要

科學是在研究大自然的規則。

科學是一種思考的方式，也是一個知識體。

◆ 物理是所有科學學門中最基礎的。

◆ 人們使用數學，以便明確地表達科學概念。

科學方法是一個過程；目的是要藉由檢驗有知識根據的猜測（假說），以及制定一般的規則，來解答關於大自然的問題。

◆ 科學中的「假說」必須是可以接受檢驗的。當這些假說與實驗證據相抵觸時，它們必須被修改，甚至拋棄。

科學理論的內容，包含了一個知識體，以及針對自然界的某些面向所提出，並經過驗證的種種假說。

◆ 一旦有新的證據產生，理論就會被修改。

科學所關切的問題，純粹只是基於科學的理由；而科技則是科學知識的實際運用。

◆ 科學處理理論問題；科技則應付實際問題。

重要名詞解釋

科學方法　scientific method　組織及應用新知識的一種有秩序的方法。（1.3）

假說　hypothesis　一種基於知識的假設理論；對於觀測或實驗結果可作成合理的解釋，但在歷經再三以試驗證實之前，尚不能完全被接受為事實。（1.3）

事實　fact　對同一現象，由對立的觀察者做一系列的觀測後獲得相互的同意。（1.4）

定律　law　敘述某些自然量之間具有某種規律關係的假說，而這假說已經過再三重複驗證，普遍情況下都成立。（1.4）

原理　principle　相當基本而通用的科學定律，可以從中推導出其他的科學定律來。（1.4）

理論　theory　關於自然世界某些現象的假說，已用完善的試驗來證實，成為可以解釋及說明大量資料的綜合論述。理論常是原理、定律與定理的集合。（1.4）

借題複習

1. 為什麼物理學是最基本的科學？（1.1）

2. 使用數學對科學而言有何重要性？為什麼在本書中盡量減少使用數學？（1.2）

3. 何謂科學方法？（1.3）

4. 是否有一種絕對存在且不變的科學事實呢？請說明你的理由。（1.4）

5. 科學理論一直都在改變。這到底是科學的優點，還是缺點？請說明你的理由。（1.4）

6. 「如果一個假說是科學的，則必然有某種方法可以證明它是錯誤的。」請問這句話是什麼意思？（1.5）

7. 科學與科技有何差異？（1.6）

8. 科學與藝術有何近似之處？（1.7）

9. 科學與宗教有何不同？（1.7）

10. 為什麼身為地球公民的我們，有責任去了解一些基本的自然規則？（1.7）

想清楚，說明白

1. 為何科學在了解事物時，有自我校正的傾向？

2. 當有人說出「那只是個科學理論而已呀」這句話時，你認為這其中有什麼樣的誤解嗎？

3. (a)請提出一個終止科技發展的論點。

   (b)再請提出一個繼續發展科技的論點。

   (c)對你自己所提的兩個論點加以對照比較。

第一部

力 學

Conceptual Physics - The High School Program

即便是握著一顆蘋果，都蘊含了許多物理意義。

不只有地球下拉蘋果的力，地球也被蘋果往上拉，

而這兩種力竟然相等！

地球與蘋果兩者皆以相等的力互相拉著對方，

這一對力稱為作用力與反作用力，

其中包含了單一的重力交互作用。

請翻開下一頁，去發現力學的規則吧！

你不只能輕易通過物理考試，

你對大自然的直覺也將更敏銳！

第 2 章

直線運動

「運動」總是出現在我們的生活中。我們可以從人們每天的活動、高速公路的車流、隨風搖曳的樹枝中看到運動現象；甚至只要你多花點耐心，也可以發現閃耀夜空的星星，其實不是靜止不動的。還有一種在微觀世界中的運動，是我們用肉眼無法直接看到的：原子的碰撞產生光和熱、電子的流動產生電，而電子的振動得以製造出收音機與電視。即使是讓我們可以看見運動現象的光，都是由原子裡振動的電子所造成的。的確，運動可說是無所不在。

運動很容易看得出來，但是卻很難用言語描述。早在二千多年前，希臘的科學家對我們當今所研究的許多物理觀念，其實已經有

相當好的了解，即使如此，他們對於運動的描述，還是有許多困難，這是因為他們缺乏變化率（簡稱率）的概念。某個數量除以時間，就是所謂的變化率。變化率可以用來表示事情發生得有多快，或是在某段時間內，事情改變的程度（量）。

在本章中，我們將用速率、速度以及加速度這三個已知的變化率，來描述運動現象。如果本章的內容，足以讓你精熟這幾個概念，再好不過了，但是只要你能熟悉它們，且能區分它們之間的差異，其實也就足夠了。因此在這兒我們的注意力將集中在最簡單的運動型態上，也就是沿著直線路徑進行的運動——直線運動。我們會在第 3 章中，把這些概念延伸，加入沿著曲線路徑進行的運動。再接下來的章節，則會逐漸加深你對運動觀念的了解。

▲ 圖 2.1
當我們坐在行駛中的汽車上時，便可以體驗到速率、速度以及加速度等概念。

2.1　運動是相對的

每一種東西都會移動。即便是表面上看起來靜止的東西，其實也都在移動，這是對於或相對於太陽或遠處的恆星來說。例如一本相對於桌子是靜止不動的書，但相對於太陽，卻是以每秒 30 公里的速率在移動著。若是相對於星系中心而言，這本書的運動甚至還要更快。當我們在討論某物的運動狀態時，其實我們所說的，是指該物體相對於另一個物體時。例如，當我們說太空梭發射後以每秒 8 公里升空時，我們指的是它與地球之間的相對運動速率。當我們說某輛參加 Indy 500（每年 5 月 30 日在美國印第安那州州府舉行的賽車比賽）的賽車，車速高達每小時 300 公里的時候，我們指的當然是它相對於跑道的速率。除非有特別的說明，否則我們在討論周遭某物

體的運動速率時,指的便是它與地球表面之間的相對速率。總之,運動是相對的。

2.2　速率

運動中的物體,在已知的時間內,會行經一段距離。以汽車為例,我們常以每小時行走多少公里來描述它。速率是用來測量物體運動的快慢,也就是物體移動距離的變化率。記住,變化率這個字暗示著某個東西除以時間之後的結果。速率永遠是指「單位距離除以單位時間」之後的大小,因此速率的定義是,每單位時間內,物體運動的距離。

「每」這個字,含有「除以」的意思。在敘述速率時,任何好用、方便的距離單位與時間單位的結合,都是合理的,例如每小時若干英里(英里／小時,mi/h)、每小時若干公里(公里／小時,km/h)、每天幾公分(一隻病蝸牛的爬行速率?)或是每世紀若干光年,都是描述速率的合理單位。斜線的記號(／)讀做「每」,我們

表2.1　以不同單位表示的速率(近似值)		
20 公里／小時 =	12 英里／小時 =	6 公尺／秒
40 公里／小時 =	25 英里／小時 =	11 公尺／秒
60 公里／小時 =	37 英里／小時 =	17 公尺／秒
80 公里／小時 =	50 英里／小時 =	22 公尺／秒
100 公里／小時 =	62 英里／小時 =	28 公尺／秒
120 公里／小時 =	75 英里／小時 =	33 公尺／秒

在這本書中，主要將以每秒幾公尺（公尺／秒，m/s）做為速率的單位。表 2.1 比較了幾個以不同單位表示的速率及其之間的換算。

瞬時速率

車子不可能一直用相同的速率行駛，它可能以 50 公里／小時的速率在街上行駛，遇到紅燈減速到 0 公里／小時，然後因為塞車而只能以 30 公里／小時行駛。你可以從車子儀表板上的速率計知道任何時刻的行車速率，這種在任何瞬間的速率，我們稱它做「瞬時速率」，汽車真正以 50 公里／小時行駛的時間，可能只有一分鐘而已。如果，該車可以維持 50 公里／小時連續行駛一小時，那麼它所行駛的距離便有 50 公里長。如果它以相同的速率，只行駛半小時，那麼該車所行駛的距離，便只有原先的一半，也就是 25 公里；假如只有一分鐘，那麼它行駛的距離小於 1 公里。

平均速率

計劃開車去旅行時，駕駛人通常希望知道開到某一地點需要多少時間。這輛車當然不可能全程都以同樣的速率行駛，所以駕駛人唯一在乎的就是全程的「平均速率」。平均速率是以下列的方式定義出來的：

$$平均速率 = \frac{行駛的總距離}{總時間}$$

要計算平均速率相當簡單。例如，假設我們 1 個小時內行駛了 60 公里，則我們的平均速率便是每小時 60 公里（60 公里／小時）。或者，我們在 4 小時內行駛了 240 公里，那麼：

$$平均速率＝\frac{行駛的總距離}{總時間}$$

$$＝ 240 \text{ km} \diagup 4 \text{ h}$$

$$＝ 60 \text{ km/h}$$

注意，當距離是以公里為單位，時間以小時為單位時，計算出來的答案就是每小時幾公里（公里／小時）。

　　由於平均速率是運動距離除以所花費的時間，所以平均速率不會顯示汽車在行駛期間的速率變化。實際上，在一段旅程中，我們會經歷各種不同的行車速率，所以平均速率通常都大不同於瞬時速率。然而，不論我們談的是平均速率或是瞬時速率，指的都是行駛路程的變化率。

❓ Question

1. 每一輛汽車的速率計，都有紀錄行車距離的里程表。

   (a) 假設車子發動時里程表的讀數為0，而半個鐘頭之後讀數為35公里，則該車的平均速率為何？

   (b) 有沒有可能在速率計的讀數不超過70公里／小時的狀態下，車子仍然維持70公里／小時的平均速率？

2. 假設一隻印度豹能夠一直維持25公尺／秒的速率，每秒奔馳25公尺。在這種速率下，10秒鐘內牠可以跑多遠？若是1分鐘呢？

Ⓐ **Answer**

（你要看解答前，是不是已經在心裡推算出答案呢？如果是的話，你是不是也看著別人做伏地挺身，順便運動自己的身體呢？動一動你的腦袋吧！當你遇到這本書的各個問題時，先想一想再看解答。這樣一來，你不僅會學得很多，也會享受到學習更多時的樂趣。）

1. (a) 平均速率 = $\dfrac{\text{行駛的總距離}}{\text{總時間}}$

　　　　　 = 35 km ／ 0.5 h = 70 km/h

　(b) 不可能，假若汽車在起點與終點都是靜止的。因為，在這個運動過程中，如果有某段時間，汽車的瞬時速率小於70公里／小時，那麼它就必須有高於70公里／小時的瞬時速率，來補償之前的慢速，如此才能有70公里／小時的平均速率。事實上，平均速率通常會小於運動過程中的最大瞬時速率。

2. 這隻印度豹可以在10秒內跑250公尺，1分鐘（60秒）內跑1500公尺，比15個足球場還寬的距離！如果我們知道某物體的平均速率與運動時間，那麼運動的總距離是

　　　　　距離 = 平均速率 × 總時間
　　　　　距離 = （25 m/s）×（10 s）= 250 m
　　　　　距離 = （25 m/s）×（60 s）= 1500 m

　　簡單地思考一下，你應該可以看得出來，上面的計算方式，其實就是下列公式移項的結果：

　　　　　平均速率 = $\dfrac{\text{行駛的總距離}}{\text{總時間}}$

2.3　速度

　　在日常生活的談話中，速率與速度這兩個詞，我們常常任意交互使用，然而，在物理學裡面，這兩個詞卻有所區別。其實非常簡單，它們的差別在於速度指的是在已知方向上的速率。當我們說一輛車以60公里／小時行駛時，我們指的是它的速率；但是，如果我們說的是一輛車以60公里／小時朝北行駛，我們指的則是它的速度。速率是用來描述一個物體運動的快慢；而速度則是用來描述一個物體運動的快慢及移動方向。我們會在下一節中看到區分速率與速度的充分理由。

等速度

　　就速度的定義而言，等速度必須同時具備等速率與定方向兩個條件。等速率的意思是，物體一直維持著相同的速率運動，也就是該物體的運動不會忽快或忽慢。定方向的意思是，物體沿著直線方向運動，也就是物體行進的方向一點都不能彎曲。因此，等速度就是物體以等速率、沿直線方向運動。

Question

一輛朝北行駛的汽車，車上速率計顯示的讀數為60公里／小時，與另一輛也是60公里／小時卻朝南行駛的汽車交會而過。請問兩車是否以相同速率行駛？它們的速度是否也相同？

◀圖2.2
這輛沿著圓形軌道行駛的車子，可能是等速率、卻不是等速度運動，因為它的運動方向隨時在改變。

變速度

　　只要速率或方向兩者任一（或者兩個都）在運動過程中改變，速度就會改變。等速率與等速度是不同的兩件事，比方說，某物體可能沿著曲線以等速率運動，但它卻不是等速度運動，因為它的運動方向隨時有變化。

　　一輛車子有三個地方能控制、改變汽車的速度。第一個是油門，用來維持或增加汽車的速率。第二個是煞車，專門用來減低汽車的速率。第三個是方向盤，用來改變汽車運動的方向。

🅐 Answer

　　這兩輛車有相同的速率，但卻有反向的速度，因為它們行駛的方向相反。

2.4　加速度

　　我們可以藉由改變一個運動物體的速率、方向，或是兩者，來改變它的運動狀態，這其中的任何一個變化，都會改變到物體的速度。有時候，我們只對於速度快慢的改變感到興趣，例如，在雙線

道上行駛的汽車想要超車時，會加速並在最短的時間內超過前車。這種速度上的變化率，就叫做加速度。因為加速度是變化率的一種，所以它所代表的意義，是在相對應的時間內速度的變化量。

$$加速度 = \frac{速度變化量}{總時間}$$

我們很熟悉汽車加速度的情形。駕駛一踩下油門，也就是常說的加速器時，汽車內的乘客會有好像被擠進座椅內的感覺，也就感受到了加速度。定義加速度的關鍵字是「變化」。無論何時，只要我們改變運動狀態，就是在做加速度運動。一輛加速性能良好的汽車，便具備了快速改變行車速度的能力。舉例來說，一輛在5秒鐘內，可以從靜止加速到60公里／小時的汽車，與另一輛在10秒鐘內，從靜止加速到80公里／小時的汽車相比，前者有比較好的加速性能。因此，好的加速性能，意謂能夠比較迅速地改變速度，但這跟運動本身的快慢沒有關係。

▲圖2.3
當車子的運動狀態改變時，它就有加速度。

在物理上，加速度的意義不僅適用於速率增加，也適用於速率減少。汽車的煞車器能夠產生很大的「減慢加速度」，也就是說，它

可以在每秒鐘讓車速減緩許多。我們通常把這種情形稱做減速度，或是負加速度。當汽車駕駛或公車司機猛踩煞車時，我們會有向前衝出去的傾向，那就是減速度的感覺。

　　加速度不僅會改變速率，也會改變物體運動的方向。假如你乘坐的汽車，正以 50 公里／小時的等速率，沿著一條曲線行駛時，你所感受到的加速度效應，就是那股把你推向曲線外圍的作用力。也許你在曲線上的運動速率是不變的，但速度卻不是固定的，因為你的運動方向，時時在變化中；你的運動狀態一直在改變：你正在做加速度運動。現在，你應該可以看出來，為什麼我們要區分速度與速率的原因了，還有，為什麼我們要定義加速度是速度的變化率，而不是速率的變化率。加速度與速度相同，都是具有方向性的物理量，只要我們改變了速率和方向中的任何一項，或是兩者，我們就改變了速度，也就是在做加速度運動。

　　本書裡的大部分內容，將只考慮沿著直線的運動，而在只有考慮直線運動的情形下，速率或速度這兩個詞，在意義上便沒有差別了，可以交互使用。當方向不變時，加速度就可以表示成速率對時間的變化率。

$$加速度（直線運動）= \frac{速率變化量}{總時間}$$

　　速率與速度的單位，都是距離單位除以時間單位，而加速度的單位就比較複雜些。因為加速度是速度或速率在某個時間內的變化量，它的單位會是「速率單位除以時間單位」。以速率加快，但不改變方向的運動為例，譬如說在 1 秒鐘內，讓速率從 0 加快到 10 公里／小時，我們在 1 秒的時間間隔內，速率的變化量便是 10 公里／小

時，則我們在直線上的加速度大小為：

$$加速度 = \frac{速率變化量}{總時間} = \frac{10 \text{ km/h}}{(1\text{s})} = 10 \text{ km/h} \cdot \text{s}$$

加速度 10 公里／小時·秒（10 km/h·s）的讀法是 10 公里每小時秒。注意，時間單位在這裡出現了兩次：第一次是速率中的時間單位，第二次則是速率改變所花的總時間的時間單位。如果你可以了解這裡的意思，就可以回答出下面的 **Question**；如果你不太懂，那麼 **Answer** 裡的解釋將對你有所幫助。

？ Question

1. 假設一輛汽車在直線道路上每秒鐘穩定地加速，第一秒內速率從 35 增加到 40 公里／小時，而下一秒又從 40 增為 45 公里／小時，然後由 45 到 50 公里／小時。請問它的加速度？

2. 某汽車在直線道路上，以 5 秒鐘的時間，把速率從 50 公里／小時增加到 65 公里／小時；在此相同的時間，有一輛卡車從靜止開始將車子加速到 15 公里／小時。請問，哪輛車的加速度較大？各自的加速度大小又是多少？

Ⓐ Answer

1. 從題目中我們可以看得出來，汽車在每 1 秒的時間間隔內，速率增加 5 公里／小時，所以，汽車的加速度大小為 5 公里／小時·秒。

2. 汽車與卡車在這 5 秒內，時速都增加了 15 公里／小時，所以

它們有相同的加速度。如果你在著手計算答案之前，便能了
解到這一點，你就是由觀念來思考這個問題。這兩輛車的加
速度大小為

$$加速度 = \frac{速率變化量}{總時間} = \frac{15 \text{ km/h}}{(5 \text{ s})} = 3 \text{ km/h} \cdot \text{s}$$

雖然這兩輛車的速率不一樣，但速率隨時間的變化率倒是相
同的。因此，兩輛車的加速度相等。

2.5 自由落體：掉落的快慢

　　想像有顆蘋果從樹上掉下來，它在下落的過程中是否有加速
呢？我們知道，蘋果是從靜止開始往下掉，而在下落的途中獲得一
些速率。我們可以了解這個現象，是因為如果它只掉落個一或二公
尺，我們用手去接它時，並不會有什麼危險；可是，如果它是從高
空飛行的熱汽球往下掉的話，情況就危險多了。因此，蘋果由比較
高的地方往下掉，跟從較低的地方往下掉相比，它需要比較多的時
間，也會獲得比較大的速率。這個速率的獲得，顯示蘋果在掉落的
過程中，的確有在加速。

　　重力從蘋果開始掉落的那一瞬間便開始作用，讓蘋果加速往下
掉落。在實際的狀況裡，空氣阻力會影響下落物體的加速度，但現
在先讓我們想像一下沒有空氣阻力的情形，這時重力是唯一影響下
落物體的因素。這樣的運動稱為自由下落，而重力是唯一影響自由
落體的作用力。次頁的表 2.2 表示一物體由靜止開始下落後，於每一
秒末的瞬時速率。下落時間指的是物體從掉落開始所用掉（或經過）
的時間。

▲圖2.4
假想我們在石頭上綁一個速率計，讓石頭自由下落，則速率計的讀數每經過一秒，就會增加10公尺／秒。表2.2中的數字，就是我們在不同的秒數所讀到的速率。

表 2.2　從靜止開始下落的自由落體速率	
下落時間（秒）	瞬時速率（公尺／秒）
0	0
1	10
2	20
3	30
4	40
5	50
:	:
t	10 t

注意表2.2中速率變化的情形。每掉落一秒鐘，物體的瞬時速率便會增加10公尺／秒。這個每秒鐘內的速率增加量，就是物體的加速度。

$$加速度 = \frac{速率變化量}{總時間} = \frac{10 \text{ m/s}}{1 \text{ s}} = 10 \text{ m/s}^2$$

這裡的加速度單位是公尺／秒^2，原因是速率變化量的單位是公尺／秒，而下落所花的時間是以秒為單位。加速度單位的讀法是「公尺每秒平方」。這個平方的來源是由於時間單位（秒）出現兩次的緣故，一次是用在速率的單位，另一次是速率改變所花的總時間。

在空氣阻力可以忽略的條件下，自由落體的加速度大小是10公尺／秒^2。對自由落體而言，因為它的加速度是由重力引起的，所以習慣上我們用字母 g 來表示自由落體的加速度。雖然，地球上的

不同地點 g 值的大小會有小小的差異，不過它的平均值接近 10 公尺／秒^2，更精確地說是 9.8 公尺／秒^2，但把這個數字圓滿地進位成 10 公尺／秒^2 的想法並不困難。當然，在將精確度列爲重要的考量時，我們還是必須採用 9.8 公尺／秒^2 這個數值來當自由落體的加速度。注意，出現在表 2.2 中，物體從靜止開始自由下落的瞬時速率，等於加速度乘以物體的下落時間，也就是：

$$瞬時速率 ＝ 加速度 \times 下落時間$$

從靜止開始掉落一段時間 t 的自由落體，其瞬時速率 v 可以用方程式表示爲：

$$v = gt$$

字母 v 代表速度或速率。花一點時間，用表 2.2 裡的數字檢查一下這個方程式，你將會發現，不管是哪一個秒數，只要把加速度 g ＝ 10 公尺／秒^2，乘上以秒爲單位的下落時間，得出的結果就是其瞬時速率。

v ＝ gt 這個關係式的來源是由加速度的定義，也就是加速度爲 g、初速率爲 0 的情形而來。如果物體在掉落之初，就有一個向下的初速率 v_0 的話，歷經下落時間 t 之後，物體的速率大小爲 v ＝ v_0 ＋ gt。本書將不會特別強調這種初速率不等於 0 的複雜情況，因爲即使

❓ Question

圖 2.4 中的石頭在從靜止開始下落 4.5 秒以後，綁在其上的速率計讀數會是多少？從下落開始 8 秒後的讀數呢？15 秒之後呢？

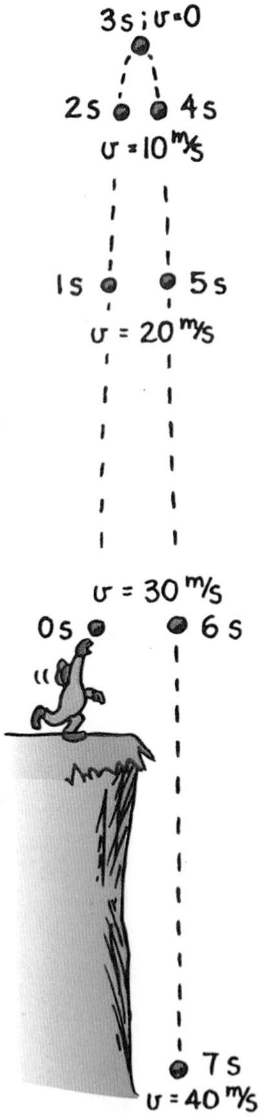

3s；υ=0

2s　　4s

υ=10 m/s

1s　　5s

υ=20 m/s

υ=30 m/s

0s　　6s

7s

υ=40 m/s

Ⓐ Answer

速率計的讀數依序是45公尺／秒、80公尺／秒、150公尺／秒。你可以從表2.2中去推算，或由公式 v = gt 得出，其中 g 以10公尺／秒代入。

只是最簡單的初速率為0的例子，都可以讓我們學到很多！

到目前為止，我們只看到因為重力而垂直落下的物體，現在，讓我們考慮一下垂直上拋的物體。上拋的物體，會先向上運動一段時間，然後開始往下掉。在拋體軌跡的最高點，也就是物體運動的方向從朝上變為朝下時，它的瞬時速率等於零。然後，它會從最高點開始往下掉，就像從同樣高度自靜止做自由落體一樣。

在拋體的上升過程中，它的向上初始速度會逐漸減小為零，我們知道這是一個加速度運動，因為物體的速度發生了變化。那麼，在每一秒內，它的速率減少了多少？答案應該是我們都不會感到驚訝的10公尺／秒，因為向上運動速率減少的變化率，等於向下運動速率增加的變化率。所以，如圖2.5所表示的，物體的瞬時速率在運動軌跡的相同高度上是一樣的，不管此物體是向上運動還是向下掉落。當然，物體的速度是不同的，因為它們運動的方向不同。在每一秒內，速率或速度的變化是10公尺／秒，而在整個運動過程中，不論物體是向上或向下運動，加速度大小都是 10公尺／秒^2。

◀圖2.5
不論球是向上運動或向下掉落，
其速率的變化率都是一樣的。

2.6　自由落體：掉落的距離

　　某物體掉落的快慢，與它掉落的距離完全是兩回事：速率與距離完全不同。為了要了解其中的差異，我們再回到表 2.2 中的數據。在第一秒末的時刻，物體的瞬時速率為 10 公尺／秒，這是表示它在第一秒的時間掉落了 10 公尺嗎？不是的！這就是瞬時速率與平均速率不同的地方。假設有某物體在第一秒內，共掉落了 10 公尺，那麼它掉落的平均速率就是 10 公尺／秒。然而我們知道，自由落體是從初速率為零，在一整秒鐘之後，速率變為 10 公尺／秒，因此，平均速率應該會在零與 10 公尺／秒之間。對任何以等加速度、在直線上運動的物體來說，計算它的平均速率，就和計算兩個數字的平均數是一樣的，只要相加，再除以 2 就可以了。所以，把初速率 0 公尺／秒，加上末速率 10 公尺／秒，除以 2 之後，答案是 5 公尺／秒。因此，在第一秒內，物體的平均速率是 5 公尺／秒，也就是說，它在這一秒內下落的距離為 5 公尺。要確定你是否真的了解這個觀念，在繼續進行下面的內容之前，請先仔細思考如下的問題。

💡 Question

　　在表 2.2 中的第 2 秒時間裡，物體的初速率是 10 公尺／秒，末速率是 20 公尺／秒，請問在這一秒內，物體的平均速率為何？加速度大小又是多少？

　　下一頁的表 2.3 顯示了自由落體從靜止開始下落的總距離。在第一秒末，物體共掉落了 5 公尺；第二秒末，物體共掉落了 20 公尺；

Ⓐ Answer

平均速率是：

$$\frac{初速率＋末速率}{2} = \frac{10 \text{ m/s} + 20 \text{ m/s}}{2} = \frac{30 \text{ m/s}}{2} = 15 \text{ m/s}$$

加速度大小為：

$$\frac{速率變化量}{總時間} = \frac{20 \text{ m/s} - 10 \text{ m/s}}{1 \text{ s}} = \frac{10 \text{ m/s}}{1 \text{ s}} = 10 \text{ m/s}^2$$

在第三秒末，物體總共掉落了45公尺。我們可以從這些距離歸納出一個數學模式：在第 t 秒末時，物體總共掉落的距離 d 等於 $\frac{1}{2} gt^2$，我們可以由下式的推演得到。試著用 g = 10 公尺／秒^2 來計算表2.3裡某個時刻物體掉落的距離。

▲圖2.6
假想我們在石頭上綁一個里程計，讓石頭自由下落。里程計的讀數，也就是物體下落的總距離，會隨時間增加，如表2.3數據所示。

表 2.3　從靜止開始的自由落體下落距離	
下落時間（秒）	下落距離（公尺）
0	0
1	5
2	20
3	45
4	80
5	125
:	:
t	$\frac{1}{2}gt^2$

$$距離＝平均速率 \times 總時間$$

$$=\frac{初速率＋末速率}{2} \times 時間$$

$$=\frac{0＋gt}{2} \times t$$

$$=1/2\ gt^2$$

我們剛以自由落體為例，說明了運動距離、加速度與獲得的速度三者之間的關係，在這些例子裡，我們都是採用重力加速度 $g＝10$ 公尺／秒^2。然而，加速運動中的物體，不一定非得是自由落體不可，以汽車為例，只要我們踩了油門或煞車，車子就會有加速度。也就是說，只要物體的初速率為零，加速度 a 是個定值（常數），物體就在穩定地加速中，而不是突然地顛簸、或快或慢，那麼，計算速度與距離的公式如下：

$$v＝at \quad 與 \quad d＝1/2at^2$$

但假若物體有 v_0 的初速率，簡單地思考一下，你就可以把速率與距離的公式改寫成 $v＝v_0＋at$ 與 $d＝v_0t＋1/2\ at^2$。

❓ Question

一顆蘋果從樹上掉到地面共花了一秒的時間。當蘋果著地時的剎那，速率為何？在這一秒內，蘋果的平均速率是多少？蘋果在樹上的高度是多少？

Answer

把 g 以 10 公尺／秒^2 代入，我們得到：

速率 v ＝ gt ＝（10 m/s^2）（1 s）＝ 10 m/s

$$平均速率 \overline{v} = \frac{初速率＋末速率}{2}$$

$$= \frac{0 \text{ m/s}＋10 \text{ m/s}}{2} = 5 \text{ m/s}$$

（字母 v 上面的橫線，表示平均的意思。）

距離 d ＝平均速率×總時間 ＝（5 m/s）（1s）＝ 5 m

或距離 d $= \frac{1}{2}$ gt^2 ＝（1/2）（10 m/s^2）（1 s）^{2}＝ 5 m

注意，採用上面這兩種運算，皆可算出距離。

物理 DIY

反應時間

　　有機會跟你的朋友試一下。拿一張百元紙鈔，讓紙鈔的中點，位在你朋友的兩指中間，看看你朋友能不能在你鬆手的剎那，用手指把鈔票接住。我保證他們一定接不到！

　　解釋：神經脈衝從眼睛傳導到大腦再到手指的時間，最少需要 1/7 秒。但根據方程式 d ＝ v_0t ＋ $\frac{1}{2}$ at^2，鈔票掉落 8 公分（約半張鈔票的長度）的時間，只需要 1/8 秒。

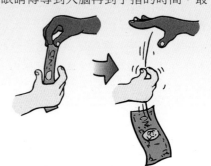

2.7　運動圖示法

　　方程式和表格不是唯一用來表示諸如速度與加速度關係的唯一方法。另一個方法，是利用圖形，直接以視覺描述這些關係式。你將會從實驗室中學到基本的繪圖技巧，所以我們便不再深入繪圖的細節。在這裡，我們只畫出表 2.2 與表 2.3 的圖形。

　　圖 2.7 是根據表 2.2 裡「速率對時間」的數據，所畫出來的關係圖。其中，速率 v 是標繪在縱軸，時間 t 則是標繪在橫軸。在這個例子裡，與這些點完美擬合的「曲線」，恰好是一條直線。這條曲線所顯示的直線性質，剛好說明速率與時間之間的關係：每增加 1 秒鐘，在速率就增加 10 公尺／秒。數學上，我們稱這種關係爲「線性的」，我們也很容易從圖形上了解爲什麼如此命名的原因——圖形是一條直線。

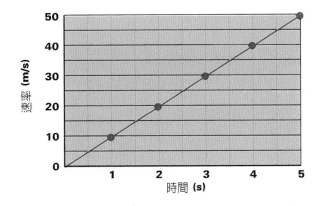

◀圖 2.7
根據表 2.2 所繪出的速率對時間關係圖。

　　因爲物體是從靜止開始下落，所以圖中的直線通過原點—— v 與 t 都等於零。如果我們讓時間 t 加倍，速率 v 也會加倍；如果 t 增爲

三倍，v也會增爲三倍，依此類推，這個特別的線性關係，稱爲正比例。

由於圖中的曲線是一條直線，所以它的斜率是固定的，就像一段樓梯那樣。斜率是直線上任何一部分的垂直變化量除以水平變化量的結果。在這個圖形上，斜率的意義是單位時間的速率變化量，也就是加速度。注意，在垂直軸上每10公尺／秒的變化量，就有相對應1秒的水平變化量。由此可知，直線的斜率是10公尺／秒除以1秒，也就是10公尺／秒²，這條直線顯示加速度大小是個常數。如果加速度再大一些，斜率會更大，圖形也會比較陡。如果想多了解一些斜率的相關知識，請參考附錄C。

圖2.8是根據表2.3「距離對時間」的數據所畫出來的關係圖，縱軸是依據距離d的數字，橫軸則是依據時間t，圖中的曲線顯示了運動距離與時間的關係不是線性的，而是拋物線的型態，當我們把間t加倍，距離d不是加倍增加，而是變成四倍，換句話說，距離是隨時間的平方而改變。

圖2.8▶
根據表2.3所畫出的距離對時間關係圖。

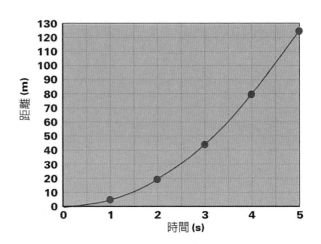

不只直線有斜率，曲線也有斜率。如果你仔細看一下圖2.8，會發現曲線上的每一個點，還是有某個傾斜程度或是「陡峭度」存在，只是斜率每個點不同。位置對時間關係圖中的曲線斜率非常重要的，它所代表的意義是速率，也就是在每單位時間內，運動距離的變化率。以這個圖2.8為例，隨著時間的增加，圖形的斜率也變大（比較陡），表示速率隨著時間增加而增加。事實上，如果我們能很精確地計算出斜率，你將會發現速率的增加量是每秒10公尺。

2.8　空氣阻力與掉落的物體

讓羽毛與銅幣在同一個高度落下，我們可以很清楚地看到，銅幣會比羽毛先著地，空氣阻力是造成它們有不同加速度的主要原因。這個現象可以在一個與真空唧筒相連的封閉玻璃管中，清楚地反應出來。把羽毛與銅幣一起放到管子裡。在管子裡還有空氣的時候，把管子顛倒過來，銅幣掉落的速率會比羽毛快得多。羽毛會在空氣中「飄落」。可是，當我們用真空唧筒把管子裡的空氣抽走後，再把管子很快地倒過來時，羽毛與銅幣就會以相同的重力加速度 g，如同圖2.9所繪的那樣，肩並肩地往下掉。

空氣阻力對羽毛或小紙片之類的下落運動，有很明顯的效應，然而，換做石頭或棒球之類比較密實物體的下落運動，就不會有那麼明顯的影響。在大部分的情況，空氣阻力的效應，都微小得可以忽略。在空氣阻力可以忽略的情況下，凡是下落的物體，都可以視為自由落體。我們將會在第5章裡，更仔細地討論空氣阻力問題。

▲圖2.9

在這個真空的管子裡，羽毛與銅幣的加速度是一樣的。

▲圖2.10
你能跳多高呢？

運動中的物理

懸空時間

有些人對彈跳很有天分，例如籃球選手或是芭蕾舞者。當他們直直往上跳時，似乎像是在挑戰重力，可以在空中停留很久。請你的朋友估計一下，這些彈性好的人的「懸空時間」——兩腳離地、在空中停留的時間有多久。一秒或兩秒？長達數秒？根本沒有！令人驚訝的是，即使是彈性最好的人，他們的懸空時間也幾乎都在一秒以內。我們感覺較長的懸空時間，其實只是我們對自然界許多幻覺中的一個。

跳躍能力的最佳測量方式，是讓受試者由站立的姿勢，垂直向上跳。首先面向牆壁站好，兩腳底平貼在地，手臂向上盡量伸直，於手指的頂端在牆上作個記號。然後，用力向上一跳，在手指最高點的地方，再在牆上作另一個記號。這兩個記號間的距離，就是你垂直跳躍的高度。假如你可以跳超過兩英尺（0.6公尺），就非常了不起了！

這裡所牽涉的物理學如下。當你往上跳躍時，跳躍力只有在你的腳還與地上有接觸時才有存在。這個力愈大，你的起跳速率愈大，跳的高度也就愈高。有一個觀念很重要，一旦你的腳離了地，不管你離地時的速率是多少，這個速率都會立刻以重力加速度 g（10 公尺／秒^2）的變化率開始減少。當這個向上速率遞減到零的時候，高度達到最高點。然後，你就會開始往下掉，速率以完全相同的變化率 g 增加。如果你著地時的姿勢，與離地時的姿勢相同，都是兩腿伸直的話，那麼，上升過程所花的時間，會等於下落過程的時

間。懸空時間等於上升時間與下降時間的總合。當你懸空的時候，不管你的手、腳或其他身體部位怎麼動，都改變不了你的懸空時間。

跳躍時上升或下落的時間與垂直高度間的關係式爲：

$$d = \frac{1}{2}\, gt^2$$

如果我們知道跳躍的垂直高度，就可以把上式改寫成：

$$t = \sqrt{\frac{2d}{g}}$$

籃球選手小蕃薯韋伯（Spud Webb，NBA 著名的矮將，曾獲 1986 灌籃大賽冠軍，比麥可‧喬登早一年）的彈跳紀錄是 1.25 公尺（約 4 英尺）。令高度 d 等於 1.25 公尺，使用較精確的 9.8 公尺／秒^{2}來代 g，計算 t（懸空時間的一半）等於

$$t = \sqrt{\frac{2d}{g}} = \sqrt{\frac{2\,(1.25\ \text{m})}{9.8\ \text{m/s}^2}} = 0.50\ \text{s}$$

把這個數字乘以 2，韋伯的懸空時間紀錄是 1 秒鐘！

這裡指的 1.25 公尺，其實是跳躍者重心的最大高度。我們在考慮某人的跳躍能力時，測量的正是跳躍者重心高度的改變。關於重心的觀念，你將會在第 10 章學到。

到目前爲止，我們所討論的只有垂直運動而已，那麼邊跑邊跳的情形又是如何？在第 3 章，我們將會學到懸空時間只與跳躍者起跳時的垂直速率有關，而與水平速率無關。當跳躍者懸空時，他的水平速率會固定不變，但垂直速率卻有加速度參與。很有趣的物理現象吧！

2.9　多快、多遠、變化多快

在分析下落物體的運動時，最常出現的困惑，就是把「多快」與「多遠」混在一起。當我們想要說明某個物體從靜止開始下落一段時間之後，它運動的快慢程度時，我們指的是運動的速率或速度，適當的方程式是 $v = gt$。當我們想要說明的是物體下落有多遠時，我們指的是距離，適當的方程式是 $d = 1/2gt^2$。速度或速率（多快）與距離（多遠），是兩個完全不同的觀念。

在《觀念物理》第 I 冊裡，最易混淆的觀念之一其實是「加速度」，也就是「速率或速度變化的快慢」這個觀念。為什麼加速度這個觀念如此複雜？原因乃它是變化率的變化率。我們很容易把它跟速度搞混，因為速度本身就是個變化率（距離隨時間的變化率）。加速度不是速度，它甚至不是速度的變化量；加速度是一種速度本身隨時間改變的變化率。

如果你需要多一點時間，來讓自己好好地了解運動的種種觀念，務請不要心急。從亞里斯多德到伽利略，人類花了將近兩千年，懂的也不過這麼多罷了！

■ 觀念一把抓

觀念摘要

描述物體的運動狀態，是指它相對於什麼而運動。

速率是測量物體運動的快慢程度。

◆ 速率是物體運動距離隨時間的變化率，它的單位是距離單位除以時間單位。

◆ 瞬時速率是每一瞬間的速率。

◆ 平均速率是運動的總距離除以對應的總時間。

速度是帶有方向的速率。

◆ 所謂的「等速度」運動，是指運動的速率與方向都不改變。

加速度是速度隨時間的變化率。

◆ 某物體的速率增加或減少，以及／或是它的方向有改變時，表示有加速度。

◆ 加速度的單位是速率單位除以時間單位。

所謂「自由落體」運動，指的是物體在掉落的過程中，唯一只受到重力的影響，這時空氣阻力對自由落體的影響忽略不計。

◆ 自由落體有 10 公尺／秒^{2}的等加速度。

重要名詞解釋

變化率 rate　物理學中，指一件事物發生有多快，或者指一件事物於單位時間內變化多少；是改變的數量除以改變所經過的時間。（2.0）

相對的 relative　指對其他東西之間的關係，那是由觀測點或者參考座標而決定。有時也說「相對於」。（2.1）

平均速率 average speed　運動經過的距離除以運動所需時間的商。（2.2）

速率 speed　物體運動快慢的表示，在單位時間裡物體移動的距離。是速度向量中的純量部分。（2.2）

瞬時速率 instantaneous speed　任何瞬時間的速率。（2.2）

速度 velocity　具有運動方向的速率。（2.3）

加速度 acceleration　速度的變化率。既可是量的變化，亦可是方向的變化，也可以是兩者同時變化。（2.4）

自由下落 free fall　只受到重力作用而產生的下落運動。（2.5）

借題複習

1. 當我們說「運動是相對的」這句話時，是什麼意思？日常生活常見的運動，通常都是相對於什麼在運動？（2.1）

2. 速率是什麼的變化率？（2.2）

3. 假設你以每小時2公里的速率，走過一個房間。請以縮寫方式表示這個速率。（2.2）

4. 瞬時速率與平均速率有何不同？（2.2）

5. 汽車儀表板上的速率計顯示的讀數是瞬時速率還是平均速率？（2.2）

6. 速率與速度之間有什麼差異？（2.3）

7. 如果某輛行駛中汽車的速率計一直都顯示著40公里／小時，你能說該車是在做等速度運動嗎？為什麼可以或為什麼不行？（2.3）

8. 汽車裡的哪兩樣操控器具，可以改變汽車的速率？哪個操控器具可以改變汽車的速度？（2.3）

9. 哪一個物理量可用來描述你改變運動快慢的程度？或是你改變運動方向的程度？（2.4）

10. 加速度是什麼的變化率？（2.4）

11. 某汽車以100公里／小時的等速率在直線跑道上行駛，它的加速度是多少？（2.4）

12. 某汽車在直線跑道上以10秒的時間，讓車速從靜止變成100公里／小時，請問它的加速度是多少？（2.4）

13. 在直線車道上的某輛車，若它的加速度是2公里／小時‧秒，則它每一秒的速率變化量是多少？若加速度是4公里／小時‧秒呢？10公里／小時‧秒時又是多少呢？（2.4）

14. 為什麼在加速度的單位裡，時間單位會出現兩次？（2.4）

15. 請問「自由落體」的意義？（2.5）

16. 一個由靜止開始下落的自由落體，第5秒末的瞬時速率為何？第6秒末的瞬時速率呢？（2.5）

17. 一個由靜止開始下落的自由落體，第5秒末的加速度為何？第6秒末的加速度呢？對任一下落 t 秒末的加速度呢？（2.5）

18. 向上拋出一個球，在球的上升過程中，每一秒的速率變化量是多

少？那麼在下落過程呢？（2.5）

19. 一個由靜止開始下落的自由落體，5秒後下落了多少距離？6秒後呢？（2.6）

20. 某平均速率為5公尺／秒的物體，在一秒內的移動距離是多少？（2.6）

21. 一個由靜止開始下落的自由落體，當它的瞬時速率是10公尺／秒的時候，它下落了多少距離？（2.6）

22. 在距離對時間的關係圖中，曲線斜率的意義為何？（2.7）

23. 在速度對時間的關係圖中，曲線斜率的意義為何？（2.7）

24. 空氣阻力會增加或減少自由落體的加速度嗎？（2.8）

25. 一個由靜止開始下落的自由落體，應該採用哪個方程式計算它運動的快慢？又該用哪一個方程式來計算它下落的距離？（2.9）

課後實驗

1. 不管用什麼方法，請計算一下你走路的平均速率。

2. 你可以和朋友比較以兩根手指捻住下落直尺的反應時間。請你的朋友，像圖中畫的一樣握住直尺。當你一看到你的朋友鬆手時，

立刻以手指捻住掉落的直尺，你的反應時間可由手指捻住位置的公分讀數看出。根據公式 $d = 1/2\, gt^2$，找出你反應時間的秒數 $t = \sqrt{2d/g}$。若你的 d 是以公尺為單位（例如幾分之幾公尺），則 $t = 0.45\sqrt{d}$；若你的 d 是以公分為單位，則 $t = 0.045\sqrt{d}$。

3. 計算你自己的「懸空時間」，也就是你垂直往上一跳，雙腳離地的總時間。

想清楚，說明白

1. 為什麼一個加速的物體可以是等速率運動？但卻不可能是等速度運動？

2. 光是以 300,000 公里／秒的等速率直線傳播。請問光的加速度是多少？

3. 下列兩種直線運動何者具有較大的加速度？汽車由速率由 50 增為 60 公里／小時，或是同樣時間中，腳踏車由靜止增為 10 公里／小時？

4. (a)假設我們在一塊石頭上綁一個速率計，讓石頭自由下落，請問每隔一秒的時間，速率計上的讀數會增加多少？

    (b)假設這塊石頭是在另一個重力加速度 $g = 20$ 公尺／秒^2 的行星表面自由下落，則每隔一秒的時間，速率計上的讀數會增加多少？

5. 假設我們在一塊石頭上綁一個里程計，讓石頭自由下落，請問它每一秒的讀數，是會保持固定、隨時間增加、或隨時間減少？

6. (a)當球被垂直往上拋時，它每秒會減少多少速率？請忽略空氣阻力。

(b)當這個球到達最高點，並開始向下掉落時，它每秒會增加多少速率？

(c)請比較向上運動與向下運動所花費的時間。

7. 表2.2顯示物體從靜止開始下落1秒後的瞬時速率是10公尺／秒。表2.3顯示在這一秒內，物體下落的距離只有5公尺。你的朋友認為這是錯的，因為距離等於速率乘以時間，所以物體掉落的距離應該是10公尺才對。你認為呢？

8. 一個球被垂直往上拋出，請問它在運動軌跡最高點的瞬時速度是多少？而在最高點時的加速度呢？為什麼你的兩個答案不一樣？

沙盤推演

1. 以公尺／秒為單位，計算一隻在5秒內，跑了140公尺的印度豹的平均速率。

2. (a)假設查理以30分鐘的時間，跑到一家4公里遠的商店，請以公里／小時為單位，計算他的平均速率。

   (b)假設查理以同樣的速率，跑了一個小時，請問他會跑多少公里？

3. 若某汽車在10秒內，從靜止加速到10公里／小時，請計算它的加速度大小（公里／小時·秒）。

4. 請計算一輛以加速度2公尺／秒^{2}運動的汽車，在第10秒末的瞬時速率。

5. 請計算一位在下坡道中、加速度為5公尺／秒^{2}的滑板選手，從靜止開始後3秒的速率（公尺／秒）。

6. 試計算一顆從靜止開始自由下落的蘋果，在下落了1.5秒後的瞬

時速率？（加速度為10公尺／秒^2）。

7. 某物體從靜止開始自由下落，請計算在6秒後它的瞬時速率、平均速率以及下落的距離各是多少？

8. 請計算一個從靜止開始自由下落了8秒的物體，它的瞬時速率以及下落的距離。

實戰演練

1. 假設非洲是人類的起源地，人類需要一段時間才能由非洲移居到世界各角落？我們以最保守的每年1公里的速率來估計，人類從非洲移居到約10,000公里遠的中國大陸，需要幾世紀？

2. (a)假如你垂直往上丟一個球，並且希望它在6秒以後會回到你手上，請問這需要多少的初速率才行？請忽略空氣阻力。

   (b)這個球會丟多高？

3. 試計算一位運動員的垂直跳躍高度為0.75公尺時，他的懸空時間有多久？

4. 假若有條鮭魚以很快的速度從水裡垂直往上游，當牠以5公尺／秒的速度脫離水面時，牠可以跳離水面多高？

第 3 章

拋體運動

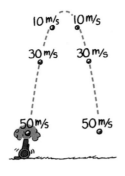

在前一章裡，我們學了簡單的直線運動，我們也區別了等速度運動（例如水平滾動的保齡球）與加速度運動（例如受重力垂直下落的物體）之間的不同。在這一章裡，我們接續著先前的觀念，把它們擴展到非直線運動上——沿著曲線路徑的運動，例如，投出的棒球會沿著一條曲線飛行，此曲線是水平等速運動與垂直加速運動的組合。我們將看到，這個飛行中棒球的速度，在每一瞬間都有兩個獨立的運動分量，也就是水平方向的運動，不會影響到垂直方向上的運動。在了解這個觀念之前，我們必須先學會向量——用來表示一個兼具「大小」與「方向」的物理量。

3.1　向量與純量

我們常聽到「一幅畫勝過千言萬語」這樣的說法，有時，我們也覺得用圖畫表達物理觀念，比用方程式來得佳。物理學家喜歡隨手塗鴉與寫一些方程式來表達他們的想法，這些簡圖常常包含了許多箭頭，每一個都表示了某個物理量的大小與方向。這個物理量可能是電線裡的電流、通訊衛星的軌道速度，或是讓太空梭離地升空的巨大推力。

一個需要大小與方向才能完整表示的物理量，我們稱為向量。回想我們在前一章學過的，速度與速率的差異，在於速度還包含了對方向的描述，所以速度是向量，加速度也是向量。在往後的章節中，我們還會看到別的向量，例如作用力。不過，目前我們先把注意力集中在速度的向量特質上。

很多的物理量，例如質量、體積與時間等，只需要說出它們的大小，就已經完整指明了，因為他們沒有方向。這類只需要數量便能完整描述的物理量，我們稱為純量。

純量可以像一般四則運算一樣相加、相減、相乘或相除，例如把 3 公斤的沙子加到 1 公斤的水泥裡，攪拌之後的混合物質量有 4 公斤；從裝有 8 公升水的水桶中，倒出 5 公升水以後，水桶中剩下 3 公升水；一個原本預定 60 分鐘的行程，中途耽擱了 15 分鐘後，整個行程所花費的時間便是 75 分鐘。在上面的這些例子中，完全沒有涉及到方向，北方 10 公斤、東邊 5 公升或是南方 15 分鐘這些敘述，很明顯是毫無意義的。

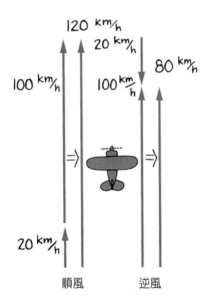

▲圖3.1
這個向量是以1公分＝20公里／小時的比例畫成的，代表60公里／小時向右的速度。

▲圖3.2
飛機相對於地面的速度，視飛機本身相對於空氣的速度，以及風速。

3.2　速度向量

　　我們用箭頭來表示一個向量的大小與方向。向量的大小，以按比例畫出來的箭頭長度表示；箭頭的方向，則表示向量的方向。自然界中向量的意義，跟在一張紙上畫出的箭頭意義相同，我們現在把圖上的這些箭頭全都稱爲向量。圖3.1中的向量，是以每公分代表時速20公里的大小所畫的；圖中的箭頭長度是3公分，方向指向右方，因此代表的意義是一個向右方、時速60公里的速度，或是60公里／小時向東方的速度。

　　一個速度可能是由兩個或多個速度結合的結果，例如某架飛機的速度，其實是該飛機相對於空氣的速度，以及空氣相對於地面的速度（或說是風速）兩者結合的結果。想想有一架小飛機，緩慢地朝北方以100公里／小時相對於地面的速度飛行，並假設當時順風，風速20公里／小時向北。我們把這個例子用向量表示在圖3.2中，圖上的向量每公分代表20公里／小時，因此飛機速度100 公里／小時，我們用5公分長的向量表示20公里／小時的順風風速，則以1公分長的向量表示。不論是否使用向量，我們都看得出來飛機的速度變成了120公里／小時。假如不是順風，飛機一小時飛100公里，加上順風這個因素後，飛機一小時便可飛120公里了。

　　現在，飛機做個U字形迴轉，變成逆風飛行，速度向量變成相反的方向。結果飛機的向量變成100公里／小時－20公里／小時＝80公里／小時。由於飛在逆風20公里／小時的環境中，飛機一個小時只能飛80公里。

　　至此，我們還不必使用向量就可以回答關於順風或逆風的問

題，然而，我們即將看看當這些速度的結合量不平行的時候，向量
有多好用。

❓ Question

假設下文中的飛機遭遇到與它飛行方向垂直的風，也就是
側風，請問飛機的速度會大於或小於80公里／小時？

Ⓐ Answer

側風會增加飛機的速率，並以某個可預測的量，把飛機吹離航
線。

想像一架80公里／小時時速、朝北飛行的飛機，遇上一個60公
里／小時、由西向東吹的強勁側風。圖3.3顯示出飛機與側風的速度
向量，比例尺是以1公分＝20公里／小時。這兩個向量相加的結
果，我們稱為合量，指的是這兩個向量所圍成長方形的對角線。

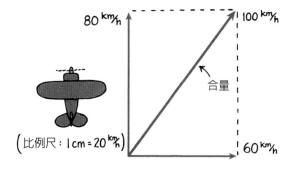

◀圖3.3
一個80公里／小時的飛機，在
遭遇60公里／小時的側風時，
會產生相對於地面100公里／小
時的合速率。兩個互相垂直向量
的合量，是它們所圍成的矩形的
對角線。

圖中長方形的對角線長度是5公分，表示飛機的時速是100公里
／小時，因此，相對於地面而言，飛機是以100公里／小時朝東北方

飛行。當某對向量互成直角（90°）時，它們的合量可以由幾何學上
著名的畢氏定理求出來。畢氏定理定義直角三角形的斜邊長平方，
等於兩股邊長的平方和。注意，在圖3.3裡，其實包含了兩個三角
形，從其中的任何一個，我們都可以得出：

$$合量^2 = (60 \text{ km/h})^2 + (80 \text{ km/h})^2$$
$$= 3600 \text{ (km/h)}^2 + 6400 \text{ (km/h)}^2$$
$$= 10000 \text{ (km/h)}^2$$

正如我們所預期的，10000（公里／小時）^{2} 的平方根是100 公里／小
時。

　　對某一組互相垂直的向量而言，有一個簡單的方法，只要三個
步驟就可以求出它們的合量。首先，把這兩個向量的尾部相接，如
圖3.4，再分別畫一條平行的投影虛線，形成一個矩形。最後，從向
量尾部相接的地方，拉出一條對角線箭頭，接到剛剛虛線的交點。

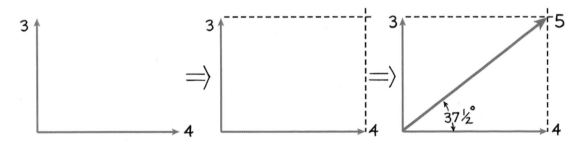

▲圖3.4
3單位長與4單位長的兩個向量
相加之後，合量有5單位長，方
向在與水平夾角37.5°上。

　　更一般的情況是當這組向量彼此不成直角時，合量就是由它們
所圍成的平行四邊形的對角線。平行四邊形的對邊互相平行、長度
相等，兩邊是不平行的兩個向量，它的對角線就是這對向量的合

量。矩形是平行四邊形的特例──四個內角都是直角。在本章裡，我們只考慮矩形的情形，而把平行四邊形留到第4章。

平行四邊形的另一個特殊情況是正方形。當我們要把兩個大小相等、互相垂直的向量相加時，我們繪圖得到的圖形就是正方形。對任何的正方形而言，它的對角線長度，都是邊長的$\sqrt{2}$或1.414倍，因此合量的長度會等於原任一向量長度的$\sqrt{2}$倍。例如，兩個大小都等於100且互相垂直的向量，它們的合量大小會等於141.4。

向量有一個很重要的性質，就是只要不改變它們的大小與方向，我們可以任意平移它們。向量可以重新排列成鏈狀，也就是頭尾相接的方式相連，而且沒有次序上的限制，而合量就等於從第一個向量的尾部，連接到最後一個向量的箭頭處所形成的向量。

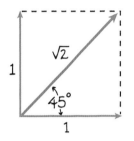

▲圖3.5

正方形的對角線長度，是邊長的$\sqrt{2}$或1.414倍。

3.3 向量的分量

我們往往需要把一個向量，轉換成一組等效且互相垂直的兩個向量分量。任何一個向量，都可以「分解」成兩個互相垂直的向量分量。決定某向量分量的過程，稱為分解。在紙上任意畫出來的向量，都可以分解成水平與垂直方向上的分量。

我們以下頁圖3.7表示分解向量的方法，圖中 V 表示某任意向量。首先，在向量的尾部畫兩條線，一條是垂直的，另一條是水平的（上圖）。其次，利用這兩條線，畫一個矩形，把向量 V 包圍起來，讓它成為該矩形的對角線（下圖）。這個矩形的邊長，就是我們想求的分量，分別是向量 X 與向量 Y。

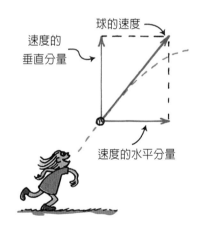

▲圖3.6

球速的垂直與水平分量。

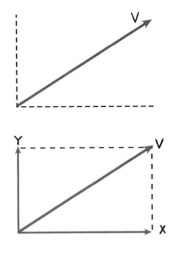

▲圖3.7
把一個向量分解成垂直與水平分量的方法。

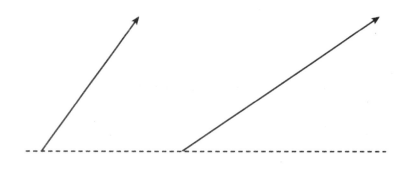

? Question

利用直尺，分別畫出下方這兩個向量的水平與垂直分量。
測量這些分量的大小，並與本頁底下的答案比較。

A Answer

左向量：水平分量長2.7公分；垂直分量長3.5公分。
右向量：水平分量長5.3公分；垂直分量長3.5公分。

3.4　拋體運動

　　從大砲射出來的砲彈、我們丟向空中的石頭、從桌子邊緣滾落的球、以及繞著地球運轉的太空船，都是我們所謂的「拋體」。地表附近的拋體運動軌跡，乍看之下相當複雜，然而，當我們以水平和垂直分量獨立來看這些運動時，結果卻是出乎意料地簡單。

　　拋體運動的水平分量，與球在水平桌面上自由滾動相同。如果摩擦力可以忽略不計，這個球會以等速度移動，在相同的時間間隔

內，球會滾過相同的距離，如圖 3.8 A 圖所示。由於球在水平方向上，沒有受到任何作用力，所以沒有水平方向上的加速度。拋體運動的道理相同，若無任何水平方向的外力作用在拋體上，拋體的水平速度會維持定值（常數）。

◀圖 3.8 A
沿水平桌面滾一個球，球的速度維持定值，因為沒有重力方向的力作用在水平方向上。

運動中的物理

衝浪

　　衝浪是用來說明分量與合量的好例子。（1）當我們沿著海浪前進的方向衝浪時，我們的速度會與海浪的速度相同，都是 $v_\perp$；我們把這個速度稱作垂直速度 $v_\perp$，因爲我們運動的方向與海浪波前（見觀念物理第 IV 冊第 25 章）垂直的關係。（2）當我們想要衝浪的速度稍快時，運動的方向須與海浪的波前夾一個角度；我們會有一個與波前平行的水平分量 $v_\parallel$，以及垂直分量 $v_\perp$。我們可以改變 $v_\parallel$ 的大小，但只要我們順著浪衝，$v_\perp$ 就相對不變。把這兩個分量相加，便可以看出當我們的衝浪方向與波前夾一個角度時，合速度 v_r 大於 $v_\perp$。（3）當我們加大與波前方向之間的夾角時，合速度 v_r 也會跟著增加。

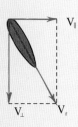
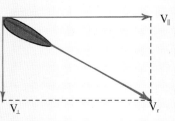

▲圖3.8 B
鬆手讓一顆小球掉落，它會向下
加速，且每秒走的距離逐漸增
加。

　　拋體速度的垂直分量，與我們在第2章裡所談到的自由落體一樣。在垂直方向上，由於重力的緣故，存在有一個作用力，就像在半空中鬆手讓球自由掉落那樣，拋體向下加速的方式就和圖3.8 B一樣。拋體速度的垂直分量會隨時間變化，垂直方向上逐漸增大的速率，會讓物體在接續、相等的時間間隔內，下落愈來增大的距離。

　　更重要的是，拋體運動的水平分量，完全與垂直分量無關，兩者之間無任何關連。它們組合出來的結果，就是我們所看到的拋體運動軌跡。

　　圖3.9是在相同時間間隔內的兩個球下落位置的示意圖（繪自重複曝光拍攝到的照片）。其中一個球水平方式拋出，另一個則是單純地讓它掉落而已。仔細研究這張圖，因為這裡包含了許多好用的物理知識。先從有弧度的這條軌跡開始分析，分別考慮這個球的水平與垂直速度分量，你會注意到兩個重點。

　　首先是這個球在水平方向上的分量維持定值。每兩次曝光的時間間隔相同，拋體所行經的水平距離也相同，因為拋體在水平方向上沒有受力的緣故。重力只有作用在向下的方向，所以球唯一受到的加速度是向下的。第二個重點，在相同的時間間隔內，兩個球在垂直方向上的下落距離相同。再次強調，垂直方向的下落距離，與運動的水平分量無關，因此水平拋體在垂直方向上的運動模式，與自由落體完全相同。

　　拋體運動只有在垂直方向上有加速度，在水平方向上是等速的，這樣的運動軌跡便是拋物線。當空氣阻力小到可以忽略時（通常是慢速運動或拋體的質量很重），拋體的軌跡就會是拋物線。

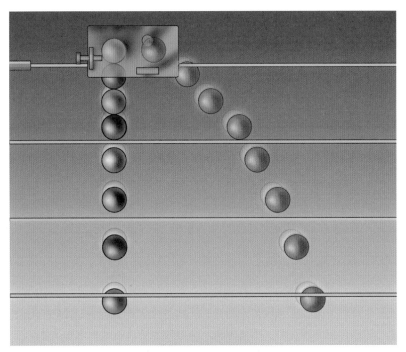

◀圖3.9
圖中所繪的機器能讓兩個球同時掉落，其中一個球是自由下落，另一個則被水平拋出。注意，在相同時間間隔內垂直下落的距離相同。

物理 DIY

拋體與自由落體

　　把一枚銅板放在水平桌面的邊緣，然後，在距離這個銅板不遠處，放上第二枚銅板。想辦法讓第二枚銅板滑向第一個銅板（像是用手指彈一下），讓它們兩個相撞，一起向下掉落地面。仔細觀察這兩枚銅板，有沒有哪一個會先掉到地上？你的答案是否依第二個銅板滑動的速率而定？

❓ Question

用來福槍水平發射一枚子彈，而在開槍的同時，放掉另一枚位於來福槍口旁的子彈，讓它自由下落。請問哪一枚子彈會先掉到地面上，是從來福槍發射出來的，還是自由下落的那一枚？

🅰 Answer

由於兩枚子彈在走過相同垂直距離時，都受到相同加速度——重力加速度 g 的作用，所以它們會同時掉落到地面上，這與我們對圖 3.9 的分析是一致的，你是否看得出來？若題目改成是來福槍朝上一仰角發射，那麼哪一枚子彈會先著地？答案就會是自由下落的子彈先到達地面；反之，我們把來福槍口朝下，那麼發射出來的子彈便會先到達地面了。因此，槍口朝上時，自由下落的子彈先著地；槍口朝下時，發射的子彈先著地，我們由此可以很容易推論，一定有某一個角度會讓這兩枚子彈同時著地。你有沒有看出來，能使這兩枚子彈同時著地的情況，就是在來福槍既不朝上也不朝下發射的時候，那不就是水平發射嗎？

3.5　上拋運動

現在，把大砲以某個仰角，朝天空開火。因為重力的關係，砲彈會以曲線路徑飛行，最後掉落地面。假想若沒有重力存在，那麼砲彈就會沿著圖 3.10 中的那條虛線，直直地往天空飛去。然而真實的狀況卻非常迷人！想像一下，砲彈會低於那條假想線持續向下掉

落。從那條虛線算起，到砲彈軌跡的任何點之間的距離，會與從該虛線上釋放的自由落體下落的距離相同（如果也經歷同樣一段時間的話）。這個距離正是我們在第 2 章討論過的 d $= \frac{1}{2}gt^2$，其中 t 是經歷的時間。如果把 g 以近似值 10 公尺／秒^2 代入，公式會簡化成 d $= 5t^2$ 公尺。

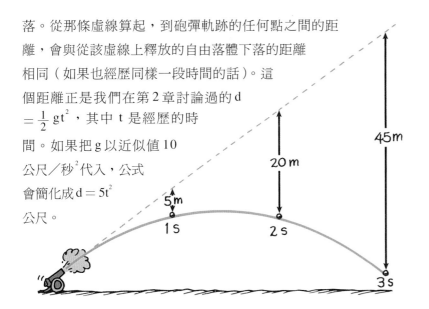

◀圖 3.10
若沒有重力，拋體會沿著圖中的直線路徑（見虛線）飛行。然而，因為有重力的作用，它會落在這條直線的下方，相差的距離，就和把它由靜止而自由下落的距離相同。請把圖中相差的距離與表 2.3 相比較。

　　我們換另一個方式來說明。假設我們以某個仰角，把砲彈朝空中發射，並假設沒有重力存在，t 秒以後，砲彈應該位在該虛線上的某處。然而，由於有重力作用，砲彈並不會直線跑到那個點上，那麼，它會在哪兒呢？答案是，它會在該點的正下方。那麼距離有多遠？答案是在該點下方 5t^2 公尺處。驚訝吧？砲彈的真實位置，會位在那條想像直線的下方，兩者之間的距離，會隨著時間逐漸增加，相差 5t^2 公尺。

　　圖 3.10 中還有另一個重點。由於沒有水平方向的加速度，所以在相等的時間間隔內，砲彈在水平方向行進的距離相同。它唯一的加速度，只有在垂直方向上，也就是重力的方向。

　　下頁的圖 3.11 把拋體的拋物線軌跡的速度向量，以水平分量與垂直分量表示出來。注意，圖中的水平分量一直保持固定不變，只

圖3.11▶
圖3.11▶
拋體在飛行路徑上，不同的位置
有不同的速度。注意，圖中速度
的垂直分量會有變化，而水平分
量保持不變。

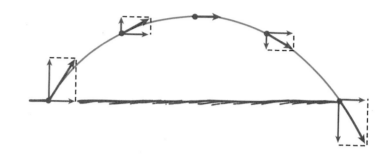

有垂直分量有所變化。此外，實際的速度合量，由分量所圍成的矩
形對角線代表。在拋物線的頂點處，速度的垂直分量縮減為零，因
此該點的速度，等於其他任何點速度的水平分量。至於其他任何點
的速度大小，都會大於頂點的速度，因為矩形的對角線長度，一定
大於邊長的長度。

　　圖3.12所畫的拋體運動，是與圖3.11有相同的速率、但以較大
的仰角所發射的砲彈。注意，與仰角較小的情況相比，此時的初速
度有較大的垂直分量，正是這個較大的垂直分量，讓砲彈射得比較
高。然而，因為初速度的水平分量較小，砲彈的射程較小。

　　在下頁圖3.13畫出了幾組以相同初速率、不同仰角所發射的拋
體軌跡。圖中並沒有考慮空氣阻力的影響，所以每一條軌跡都是拋
物線。注意，這些拋體到達的最高點與地面的距離各異。還有，它
們所飛行的水平距離也不相同，也就是說，它們有不同的水平射
程。

　　在圖3.13裡，最令人感到驚奇的是，兩個不同的發射角度，只
要加起來等於90度，拋體就會有相同的水平射程！例如，發射角度
60度的水平射程，與用相同速率、30度仰角的水平射程相等。當
然，對發射角度較小的拋體而言，停留在空中的時間會較短。

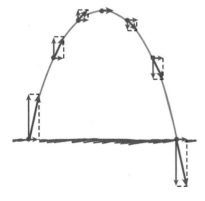

▲圖3.12
以相同的初速率、但較大的仰角
所發射的砲彈。

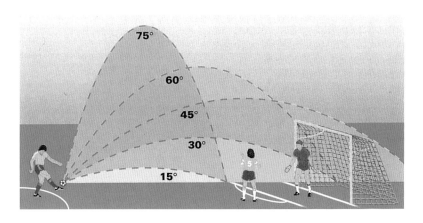

以相同初速率、不同仰角發射的
拋體路徑。圖中路徑忽略空氣阻
力的影響。

　　我們已經強調過，在空氣阻力可以忽略的條件下的拋體運動。
當空氣阻力的效應不可忽略時，如圖 3.14 所表示的，拋體的水平射
程會變短，而運動路徑也不再是一條拋物線了。

　　棒球飛行的最大水平射程，會發生在打擊手以幾乎 45 度把球擊
出的情況下。另一方面，對擲標槍的選手來說，想要擲出最遠的距
離，要用比 45 度小得多的仰角擲出，因為對較重的標槍而言，它在
擲出時所受的重力要比棒球大得多。這道理跟丟一顆很重的石頭一
樣，垂直往上丟的球速，一定比把它橫向往旁邊丟要來得慢得多。

◀圖 3.14
當考慮空氣阻力時，高速運動拋
體的飛行路徑，會位於理想的拋
物線軌跡下方。

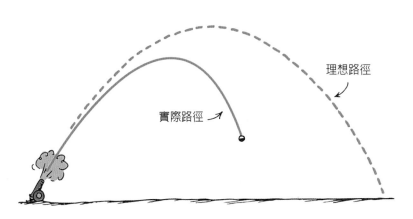

理想路徑

實際路徑

1. 把一物體以某個仰角朝空中發射，若忽略空氣阻力，請問拋體垂直方向上的加速度是多少？水平加速度呢？

2. 在拋體飛行的路徑中，何處的拋體飛行速率最小？

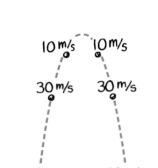

▲ 圖3.15
如果空氣阻力可以忽略，砲彈在上升時減少的速率，會等於它在下降時增加的速率。此外，砲彈上升所花的時間，也會等於下降的時間。

因此，將標槍向上擲，必然會降低標槍離手時的初速度。

　　如果空氣阻力可以忽略，拋體在上升到最高點的時間，會等於它從那個最高點掉回到地面的時間，這是由於在整個飛行過程中，重力的影響恆定的緣故。上升時重力所造成的減速度，與下降時重力所造成的加速度完全一樣；上升時減少的速率，會等於下降時增加的速率，因此，拋體著地時的速率，恰好等於它升空時的速率。

　　對短距離的拋體運動而言，例如棒球場上被擊出的棒球，我們通常假設地面是平坦的。然而，在考慮長距離的拋體運動時，地球表面的曲率，就不能不考慮了。以後我們將會學到，如果我們以足夠飛快的速率發射一個物體，這個拋體的下落方式，會剛好沿著地球表面，而成為地球的衛星。

Ⓐ Answer

1. 拋體垂直方向的加速度為 g，因為重力是朝下的。它的水平加速度為零，因為在水平方向上，沒有任何力作用在拋體上。

2. 拋體飛行速率的極小值，會發生在飛行軌跡的頂點上。假如是垂直發射拋體，它在最高點的速率為零。假如我們以某個角度發射，當拋體抵達頂點時，速度的垂直分量仍為零，只剩下水平分量。因此，拋體在頂點的速率，等於拋體在任何位置速度的水平分量。你覺得如何呢？

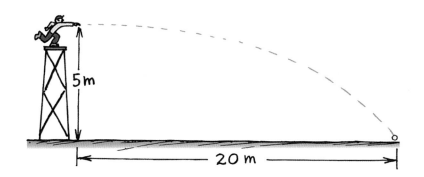

◀圖3.16
球在離手時的速率是多少？

❓ Question

如圖 3.16，在高塔上的男孩，把一顆球水平丟了 20 公尺。請問球離手時的速率是多少？

Ⓐ Answer

由於球是水平拋出的，所以球速會等於水平距離除以總飛行時間，也就是 v = d/t。如果我們以這個公式為出發點思考的話，我們只知道水平距離是 20 公尺，卻沒有總飛行時間。不過，這個方程式倒是引導我們去把時間找出來。我們可以知道的是，重力讓球垂直下落 5 公尺所需要的時間，剛好是 1 秒鐘，因此球的飛行時間是 1 秒鐘，換句話說，球水平飛行 20 公尺所花的時間也是 1 秒鐘。因此球速的水平分量，也就是它被丟出來的速率，應該是 20 公尺／秒。即使當數字沒這麼簡單時，這個解題過程還是很好用的。別忘了，方程式引導你思考！

再談懸空時間

　　回憶我們在第2章裡討論的「懸空時間」。我們那時候說，騰空一跳的懸空時間，與跳躍的水平速率無關。現在我們可以來看看，運動的水平與垂直分量，彼此為何是獨立不相關的。拋體運動的規則也可以運用到跳遠運動上，一旦雙腳離地後，跳遠者就只受到重力的作用而已（如果空氣阻力忽略不計的話），因此懸空時間只與起跳速度的垂直分量有關。助跑動作多少增加了起跳的力量，所以比起立定跳遠來，會有更長的懸空時間。然而，一旦雙腳離了地，只有起跳速度的垂直分量能決定懸空時間了。

3.6　快速運動的拋體 —— 衛星

　　再考慮圖3.16的情況，從高塔上拋出一個球。假設沒有重力作用，球的飛行路徑將會是一條水平直線。但因為有重力的關係，球的飛行軌跡會在該直線的下方，在球丟出1秒以後，掉到直線下方5公尺處。不論球以多大的速率丟出，它在第一秒下落的距離都會是5公尺。假如丟球的速率是原來的兩倍快，在相同的時間內，球會掉到兩倍遠的地方；如果速率變成三倍，在相同的時間內，它會飛到三倍遠的地方。

　　當我們丟球的速率快到可以讓地球的曲率參一腳時，會發生什麼情況？我們知道球會沿著一條向下彎曲的曲線飛行，我們也知道

地球表面是呈圓弧的，那麼如果我們丟球的速率夠快，快到讓球的
飛行軌跡與地表曲率的弧度相吻合，那會怎樣？假如沒有空氣阻力
讓球速慢下來，球便會繞著地球轉！繞著地球運轉的衛星，例如太
空梭等，其實只是一個速率夠快的拋體，它可以一直繞著地球「下
落」，而不會掉到地面上。（傳統上對下落的定義是：愈來愈接近地
球表面。在圓形軌道上的衛星，例如月球或是太空梭，並不合於這
樣的定義。在科學裡，很多科技用語的定義，往往不同於傳統。例
如，我們常說「太陽升起」以及「月亮下沈」，然而，嚴格說起來，
太陽或月亮並沒有升起、下沈的動作。）我們會在《觀念物理第 II
冊》14 章裡學到，這個速率的大小是 8 公里／秒，或是 18,000 英里
／小時。

　　在 8 公里／秒的速率下，大氣的摩擦力會把棒球燒焦成脆片，或
是讓金屬熔化。這是掉落到大氣中的岩石碎片或隕石的命運，它們
會在高速通過大氣層的時候燃燒，看起來像是一顆顆流星，這也是
為什麼人造衛星或是太空梭，都會被發射到 150 公里以上的高度。人

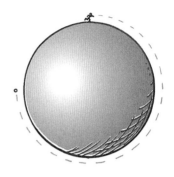

▲圖 3.17
如果超人用超快的速度，把球沿
水平方向丟出去，那麼這個球將
會繞著地球飛行，變成地球的一
個衛星。

◀圖 3.18
不論是太空梭或人造衛星，都是
穩定自由下落的拋體。因為它們
的速度與地球同步，所以會繞著
地球運轉，而不是掉向地球表
面。

們常有一個錯誤的概念，以為衛星繞地球的軌道之所以這麼高，是因為那兒脫離了地球的重力作用。這只是無稽之談。我們稍後就會學到，在地球150公里外的衛星所受到的重力大小，跟它們在地表附近所受到的重力相當。把衛星送上那個高度的原因，主要是讓它們遠離大氣圈，使不受空氣阻力作用，但卻不能脫離地球重力的影響。我們將會在《觀念物理》第 II 冊第 12 到 14 章裡，再回來討論重力與衛星運動。

■ 觀念一把抓

觀念摘要

向量具有大小與方向。

向量以箭號表示。箭號的長度表示向量的大小，箭頭所指的方向表示向量的方向。

兩個速度的合量，可以經由依比例大小畫出來的向量圖決定。

任何單一向量，都可以用兩個分量取代；這兩個分量可以由向量規則加回去，而得到原來的向量。

當重力是地表附近唯一作用於拋體的力時，拋體速度的水平分量恆定不變。

衛星持續不斷繞著地球下落。

重要名詞解釋

向量　vector quantity　物理學中的一種具有大小及方向特性的量，例如作用力。（3.1）

純量　scalar quantity　物理學中的一些完全以大小來表示的量，並不附帶方向，例如質量、體積、時間等等。（3.1）

向量（矢量）　vector　圖解中的一支箭，其長度代表純量的大小，其箭頭的指向代表純量的方向。（3.2）

合量　resultant　兩個或更多個向量分量相加起來的向量和。（3.2）

分量　component　向量的分支。兩支分量通常為互相垂直，它們的和叫做合向量，也叫做合量。任何合量可以看成是兩支或多支分量的結合。（參閱合量）（3.3）

（向量的）分解　resolution　將向量分開成分量的工作。（3.3）

拋體　projectile　任何在空中運動的物體，唯一受到的作用力是重力（和可能有空氣阻力）。（3.4）

衛星　satellite　環繞地球或是別的行星運動的物體，它不會跌進地球或行星上。（3.6）

借題複習

1. 向量與純量有何不同？（3.1）

2. 為什麼我們把速率歸類為純量，而把速度歸為向量？（3.1）

3. 假設我們以 1 公分代表速度 10 公里／小時，若有個依此比例所畫的向量長 2 公分，且方向相同，它所代表的速度大小是多少？（3.2）

4. 當我們要讓兩個速度相加，而畫出了一個矩形時，該矩形的哪個部分代表了這兩個速度的合量？（3.2）

5. 為什麼我們說矩形是平行四邊形的特例？（3.2）

6. 有個與水平夾45度角的向量，它的水平與垂直分量與它本身相比，是較大還是較小？兩者相差多少？（3.3）

7. 為什麼保齡球在球道上滾動時沒有任何加速度？（3.4）

8. 在沒有空氣阻力的情況下，為什麼拋體速度的垂直分量會改變，而水平分量卻維持不變？（3.4）

9. 把拋體向下的運動分量與自由落體相比，兩者有何異同？（3.4）

10. 當我們把一個球水平拋出的同時，也讓在同一高度的另一個球自由落下。在空氣阻力可以忽略不計的情況下，哪一個球會先著地？（3.4）

11. (a)以拋體被拋出時的高度做基準，該拋體在一秒鐘後抵達的高度距此基準多遠？（3.5）

(b)你的答案是否與拋體拋出時的角度或初速率有關？請說明理由。（3.5）

12. 應該把彈弓瞄向什麼角度，才能射出最大的高度？才有最遠的水平射程？（3.5）

13. 忽略空氣阻力，當你以20公尺／秒的速率垂直上拋一個球，當它落回到你的手中時，它的速率大小為何？（3.5）

14. (a)忽略空氣阻力，假如你以20公尺／秒的速率，投一個棒球給你位在一壘的朋友，則他接到球的速率，會大於、等於還是小於20公尺／秒？

(b)當我們考慮空氣阻力時，此速率會不會有任何改變？（3.5）

15. 我們怎麼稱呼一個繞著地球持續「下落」的拋體？（3.6）

16. 拋體需有多大的水平速率，才會讓它下落的曲線與地球表面的曲率相吻合？（3.6）

17. 為什麼一定要把人造衛星送到大氣層以外的高度呢？（3.6）

18. 是什麼力作用在大氣層以外的衛星上？（3.6）

想清楚，說明白

1. 兩個大小分別是 4 單位與 5 單位的向量，它們可能產生的最大合量是多少？可能的最小合量呢？

2. 假如你在游泳過河時，是朝著河的正對岸游過去，但是因為水流的關係，當你到達對岸時，發現自己已往下游移動過。請問，跟水流靜止的情形相比，你真正的移動速率會比較快嗎？請解釋你的理由。

3. 雨滴在落地前 10 公尺的速率，與落到地面上時的速率相同。由這個現象，你推論雨水是否有遇到空氣阻力？

4. 垂直下落的雨滴會在車窗上形成垂直的條紋。然而，當車子在移動時，條紋會變成斜的。如果垂直下落的雨滴在車窗上形成 45°的斜紋，那麼和雨滴下落的速率相比，車子的移動速率有多快？

5. 假設你前方有一輛車，而你正想超過它，這時候你把車子轉向左邊的超車道，卻不改變目前的車速，為什麼你與剛剛那輛車之間的距離會增大呢？

6. 某物體以 141 公尺／秒的初速垂直向上發射，當它抵達軌跡的頂點時，速率為何？假設它是以 45°仰角發射，那它在軌跡頂點的速率又是多少？

7. 當你往上跳時，你的懸空時間是指你雙腳離開地面的時間。請問懸空時間與你跳躍時速度的垂直分量相關，還是與水平分量相關？或是與兩者都有關係？請說明你的理由。

8. 若一位籃球選手垂直往上跳 2 英尺（0.6 公尺）的懸空時間是 2/3 秒。若他向前跳了 4 英尺（1.2 公尺）遠的水平距離，同時也達到相同的垂直高度時，他的懸空時間有何改變？

9. 在沒有空氣阻力的情況下，為什麼一個以 8 公里／秒拋出的物體，不會撞到地球表面？

10. 當我們說某物體往下落，表示它與地面愈來愈接近。然而，以圓軌道繞行地球的衛星，並沒有愈來愈接近地球，因為地球表面的曲率等於衛星軌道的曲率，如此，我們怎麼能說衛星是向地球下落呢？（提示：把人造衛星的位置，與想像在沒有重力的情況下，衛星會運行的直線軌跡作比較。衛星是否會落到直線的下方？）

沙盤推演

1. 試計算一架以 200 公里／小時正常飛行的飛機，若遭遇一陣 50 公里／小時的順風時，它的合速度是多少？若遭遇的是 50 公里／小時的逆風呢？

2. 試計算 100 公里／小時向北、75 公里／小時向南的這組速度的合速度。再計算如果這兩個速度都是向北時，合速度是多少？

3. 試計算兩個彼此垂直、速度都是 100 公里／小時的合速度大小。

4. 試計算一個與水平方向夾 45°角、長 100 單位的向量，它的水平分量與垂直分量的大小。

5. 試計算一個4單位長的水平向量，與另一個3單位長的垂直向量的合量。比較這個合量，與邊長分別為3與4單位長的直角三角形的斜邊有什麼關係？

6. 邊長為3、4、5單位長的直角三角形，內角分別為37°、53°與90°，請問哪一邊是斜邊？37°的對邊為何？53°的對邊為何？

7. 一個與水平面夾角37°、10單位長的向量，它的水平與垂直分量是多少？

8. 一個與水平面夾角53°、10個單位長的向量，它的水平與垂直分量是多少？

9. 一物體以20公尺／秒的速度、53°的仰角發射，它發射時的速度的垂直分量是多少？水平分量呢？假設忽略空氣中的摩擦力，在整個飛行過程中，哪一個分量會維持不變？哪一個分量決定了拋體在空中的飛行時間？

10. 在低空軌道上、繞著地球運行的衛星，速率為8公里／秒。請把這個速率改寫成英里／小時單位。（1英里＝1.6公里、1小時＝3600秒）

實戰演練

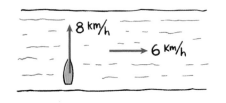

1. 一艘船以8公里／小時的速率朝著河的正對岸划去，河水的流速是6公里／小時，如左圖所示。

   (a)該船的合速率大小為何？

   (b)如果想把船划到河的正對岸，它應該以什麼速率、朝什麼方向划？

2. 史特龍不小心從行進速率100公尺／秒的直昇機上掉下來，2秒

鐘後，他掉落一個游泳池裡。假設沒有空氣阻力，他一從直升機上掉下時的位置，相距游泳池有多遠？

3. 龐德與龐德女郎從陽台往下看一座游泳池，而這座泳池距他們所在的建築物底層有 15 公尺遠。他們估計陽台的高度約有 45 公尺，且在想如果想從陽台跳到游泳池裡，需要有多大的水平速率才能成功？你的答案是多少呢？

4. 有一個小藍波拿彈弓瞄準遠處的目標，然後彈弓射出來的彈丸花了 1 秒半的時間才抵達目標。請問，小藍波射出來的彈丸會打在該目標下方多遠處？若想打中目標，他應該朝目標的上方多遠處瞄準？

5. 如下圖所示，在高塔上的小男孩，把一個球丟到 60 公尺遠的地方。請問他是用多大的速率（公尺／秒）來丟這個球的？

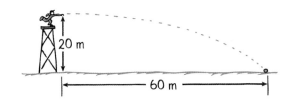

6. 有一輛嶄新的發亮跑車，停在汽車代理商的展示場裡。天空中有一架貨機以 50 公尺／秒水平飛過。當這架貨機在跑車正上方 125 公尺處經過的瞬間，有一箱貨物突然從運輸機的艙門掉了出來。相對於這輛跑車，請問這箱貨物會掉到何處？

第 4 章

牛頓第一運動定律

—— 慣性

在平坦的原野中央有一塊石頭，假如你看到它忽然開始移動，滾過這一大片地，你一定會去尋找造成它運動的原因。你可能會看看是否有人用繩子來拉動這塊石頭，或是有人用棒子去推它，總之，你會去推斷造成這個運動的成因。我們不相信運動可以無端發生，一般說來，造成這塊石頭運動的原因是某種力，我們知道有某種東西驅使這塊石頭開始運動。

4.1　亞里斯多德的運動學說

　　關於「力會造成運動」的想法，可以追溯到西元前四世紀，那時希臘人正在發展一些科學概念。亞里斯多德，這位第一流的希臘科學家，對運動做了一些研究，並把它分成兩大類：自然運動與暴力運動（violent motion）。

　　在地球上的「自然運動」是指直線向上或直線向下的運動，例如石塊向下掉落地面，或是在空中徐徐上升的煙圈。每個物體都會尋找屬於它們的「自然靜止位置」——石塊靜止在地面上，輕煙爬升到高空，像雲一般。重的東西向下掉，輕的東西往上升，是個非常「自然」的道理。亞里斯多德宣稱圓周運動是屬於天堂上的運動，因爲他認爲圓周運動和天堂都是無始無終地永恆，因此行星與恆星，都以完美的圓周軌道繞著地球運轉。既然這些運動被認爲是自然的，就不需要任何外力，來引起或是促成它們發生。

　　在另一方面，「暴力運動」則是一種強加的運動，來自推或拉這種作用力的結果。馬車之所以會動，是因爲它被馬向前拉的關係；拔河遊戲是靠大夥用力拉繩索來論輸贏；船會因爲風力而被推動。在定義暴力運動時，最重要的一點是有受到外力作用。暴力運動是作用在物體上的，只要物體處於自然靜止位置，在沒有受到推或拉力作用時，它們是絕對不會運動的。

　　將近兩千年的時間，人們普遍認爲只要物體「違反自然狀態」而運動，必定是有某種力作用的緣故，這樣的運動，只有在物體受到外力時才可能發生；如果沒有外力作用，物體將不會運動（垂直方向上的運動例外）。因此，物體最適宜的狀態是靜止不動，或朝向

▲ 圖4.1
石塊可能無端運動嗎？

自然靜止位置而運動，除非物體受到推或拉的外力作用。十六世紀
以前的大多數思想家普遍認爲，地球是處於自然靜止位置，而且不
可能有一個大作用力，可以大到推動地球，所以對他們而言，地球
顯然是靜止不動的。

4.2　哥白尼與運動中的地球

　　天文學家哥白尼（Nicolaus Copernicus, 1473-1543）在發展他著
名的地動說理論時，正是處於前述的知識風氣下。哥白尼推論出，
要解釋天文觀測資料最簡單的方法，就是假設地球（與其他行星）
是繞著太陽運轉的。這個想法在當時極富爭議，人們寧願相信地球
位於宇宙的中心。哥白尼必須秘密進行他的研究，以免遭到迫害。
在他生命中的最後一些時光，以及幾位至親好友的慫恿下，他終於
決定出版他的論點。1543 年 5 月 24 日，哥白尼在他著作《天體運行
論》（*De Revolutionibus*）第一版送達他手中時，他已在彌留之際，
並於當天逝世。

4.3　伽利略與運動

　　伽利略，這位文藝復興時代後期最偉大的義大利科學家，公開
站出來支持哥白尼的地動說，結果卻遭受到審判、逮捕與監禁。伽
利略對物理學的偉大貢獻之一，是推翻了物體必須靠一個力才能維
持運動這樣的觀念。

　　舉凡一切的推力或拉力，都是作用力，摩擦力則是指兩個彼此接觸的物體，當它們有相對運動時，在接觸面上所產生的作用力。摩擦力是由於接觸物體的表面粗糙而產生的，即使肉眼看起來相當平滑的表面，在微觀的角度下，物體表面還是不太平滑，會阻礙物體運動。假如沒有摩擦力，一個運動中的物體，將不需要任何的外力，就可以保持它原有的運動狀態。

　　伽利略主張，只有在摩擦力存在的條件下（事實上，摩擦力通常都是存在的），我們才需要外力來讓物體保持運動。他讓球在不同角度的光滑斜面上滾動，來測試自己的想法。伽利略注意到，當球從斜面上往下滾的時候，速率會增加，如圖 4.2 的左圖所示，此時，球的滾動方向，多少可說是沿著地球重力的方向。另外，當球在斜面上往上滾動，也就是與重力方向相反時，球速會減慢，如圖 4.2 中間的圖。若球是在水平的表面上滾動，如圖 4.2 的右圖，球的滾動情形會是如何？球水平滾動時，既不會順著重力方向，也不會與重力方向相反。伽利略發現球在水平光滑的表面上滾動時，速度維持不變，他宣稱如果摩擦力完全不存在，球在水平面上的運動，將永遠繼續下去。只要球一開始運動，則既不需要推力，也不需要拉力，就可以保持這個球的運動狀態。

　　伽利略的這個結論，也可從另一個方向來思考。如次頁的圖 4.3

◀圖 4.2
（左）當球向下滾動時，受到地球重力的影響，速率增加。
（中）當球向上滾動時，反抗地球重力的作用，速率減小。
（右）當球在平面上滾動的時候，它既沒有順著也沒有逆著重力方向，它的速率會不會改變？

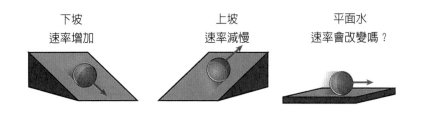

下坡
速率增加

上坡
速率減慢

平面水
速率會改變嗎？

▶圖4.3
（左）球從左斜面往下滾，然後會滾上右邊的斜面，抵達原先的高度。（中）當右邊斜面的傾斜角度減小時，球會滾動較長的距離，才達到原來的高度。（右）球在水平面上會滾多遠？

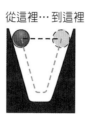
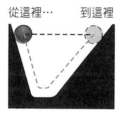
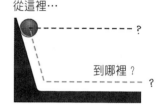

所示，這次他讓兩個斜面，面對面擺好。當球從左邊斜面往下滾後，會接著滾上右邊的斜面，而且幾乎達到原來的高度。斜面愈光滑，球在對面終點的高度，就會愈接近起點高度。他注意到，球會趨向滾到相同的高度，即使右邊斜面的長度較長、傾斜較緩。因為球會滾到相同的高度，所以滾動的距離較長，如果我們再次減少右邊斜面與水平面間的夾角，得到的結果還是一樣。總之，當夾角愈小時，球會滾得愈遠，好抵達原有的高度。

若我們把右邊斜面的角度減小為零，也就是把它變成一個完美的水平面時，會發生什麼狀況？這個球會滾多遠呢？伽利略了解摩擦力是唯一不讓球一直滾下去的因素，也就是說，球的本質並不如亞里斯多德所宣稱的，最終會靜止下來。在沒有摩擦力的情況下，已在運動的球會自然地一直運動。伽利略主張，每個物體都會反抗改變其運動狀態，我們稱這個阻力為慣性。

伽利略所關心的，是物體如何運動，而不是它們為什麼運動，他證明了實驗才是檢驗知識的最佳方法，而不是邏輯。伽利略對運動的發現及慣性觀念，使亞里斯多德的運動理論受到質疑，而這種思維方式，也為將來的牛頓（Isaac Newton, 1642-1727）鋪好了路，使他得以綜合出一個嶄新的宇宙觀。

② Question

一個球在水平的桌面上滾動，速率逐漸變慢，最後終於了
停下來。請問，亞里斯多德會怎麼解釋這個現象？伽利略
又會如何解釋呢？那你的解釋呢？

④ Answer

亞里斯多德可能會說，球找到了它最自然的靜止狀態，所以停
了下來。伽利略可能會說，球與桌面之間的摩擦力，超過了球
本身持續運動下去的自然傾向，也就是說，摩擦力最終克服了
球的慣性，使得球終於停了下來。當然，只有你才能回答最後
一個問題。

4.4 牛頓的慣性定律

伽利略逝世那年的聖誕節，牛頓誕生。牛頓24歲的時候，便已
經發展出他著名的運動定律了，他們兩人的貢獻，取代了之前兩千
年、亞里斯多德主導眾多優秀心靈思考的想法。本章主要在討論牛
頓三大運動定律中的第一定律，至於另外的兩個定律，將在隨後的
章節中討論。

▲圖4.4
靜止的物體，會傾向於保持靜
止。

牛頓第一運動定律，通常又稱為慣性定律，主要是把伽利略的
想法重新陳述一次：

除非物體受到外力作用，改變它的運動狀態，否則，每個
物體靜者恆靜，動者維持直線等速率運動。

簡單地說，物體有維持它們原本狀態的傾向，例如在桌面上靜止不動的盤子，傾向於繼續靜止在桌面上。你可以快速扯掉桌巾來證明這個例子，但你得先從摔不破的盤子開始試起。如果你拉餐巾的方式正確的話，你會發現桌巾與盤子之間那微小、經歷短暫的摩擦力，還不足以讓盤子移動。（仔細地觀察，你會發現盤子與快速移動的桌巾間，這份經歷短暫的摩擦力，的確有讓盤子晃動，然而就在桌巾被移開的那一瞬間，盤子與桌子之間的摩擦力，就又讓盤子停了下來。）原本靜止的物體，會傾向於保持靜止，只有力的加入會改變這個狀態。

現在，我們來討論運動中的物體。假設你拿一個冰上曲棍球用的橡皮圓盤，讓它在普通的街道上滑行，相信它很快就會停止下來。但如果你把它丟到拿到冰上讓它滑行，它可以滑得比較遠，這是因為冰表面的摩擦力比較小的緣故。如果你讓它在通氣桌上滑行的話，它的滑行速率幾乎看不出有任何減低。（通氣桌是一種桌面上有許多小洞，另外有唧筒把空氣從那些小洞打出來的桌子。）我

們可以看得出來，在沒有任何外力的時候，運動中的物體，傾向於無限期的直線運動。從太空站把東西拋向眞空的外太空中，物體會永不停歇地運動，它將憑藉本身的慣性而運動。

我們了解到慣性定律提供了一個全新的角度來看運動。雖然早期的概念是物體需要靠一個持續的作用力，才能維持它的運動，但現在我們已經知道物體本身就會持續運動。要讓物體開始運動，一個用來克服摩擦力的初始作用力是必要的，一旦物體在完全沒有任何作用力的環境下開始運動後，它就會無限期地直線運動下去。在下一章裡，我們會學到力是用來讓物體產生加速度的，但在沒有摩擦力的情況下，力無法保持物體運動狀態的恆定。

❓ Question

1. 如果太陽與行星之間的重力突然消失了，行星的運動軌跡會變成怎樣？
2. 物體會反抗運動狀態的改變，以及想保持原有運動狀態的傾向，我們可以說這個現象是因爲物體的慣性嗎？

Ⓐ Answer

1. 行星將會沿著直線做等速率運動，也就是進行等速度運動。
2. 嚴格來說，不可以。我們其實並不知道爲什麼物體在沒有受到外力作用時，會持續保有它們原先的運動狀態，但我們把這個特性稱爲慣性。我們已經了解許多事物，也加以命名；但仍有許多事物是我們還不了解的，而我們也對這些未知事物命名。教育的內涵，並不只在於學得這些名稱，而是在學習什麼是人類已經了解的、什麼仍是未知，以及爲什麼。

> ### 太空科學中的物理
>
> **活動中的慣性**
>
> 「先鋒號」與「航海家」這兩個行星探測任務，於1970年代後期發射的太空船，已經飛過了土星與天王星的軌道，現在仍繼續運動中。一開始，火箭提供的力把它們送上旅程，一旦到了外太空以後，這些引擎就不再提供任何力了。除了受到宇宙中恆星與行星的重力吸引外，你是否理解到太空船會繼續運動，而不會有任何改變？

▲圖4.5
踢一個罐子時，你可以約略分辨出罐子裡的物質有多少。

4.5　質量——慣性的量度

　　用腳踢一個空罐子，會把它踢得遠遠的。可是，如果把那個空罐子裝滿沙子，它就不會飛得那麼遠了。現在把空罐子裝滿鋼釘以

後去踢它，恐怕就會傷到你的腳了。裝滿鋼釘的罐子，比裝滿沙子的罐子有更大的慣性，同樣地，它們的慣性也都比空罐子來得大。物體的慣性大小，與它的質量有關──大約爲物體內存有物質的量。質量愈大的物體，它的慣性也愈大，需要較大的力才能改變它的運動狀態。質量是對物體慣性大小的一種量度方式。

質量不是體積

不要把質量與體積搞混了，它們是完全不同的觀念。體積是測量物體所占有的空間大小，通常是以立方公分、立方公尺，或是公升爲單位。質量是以公斤爲單位。如果物體的質量較大，它可能會有比較大的體積，但也可能不會。例如，兩個一樣大小的袋子，一個裝滿棉花，另一個裝滿釘子，它們的體積可能相同，可是質量卻大不相同。一個物體內含有多少公斤的物質，與這個物體占據了多大的空間，是完全不同的兩件事。（1公升的牛奶、果汁、汽水，任何以水爲主要成分的物體，它們的質量大約都是1公斤。）

▲圖4.6
枕頭的體積比蓄電池大，但質量比較小。

一個羽毛枕頭，還是一個汽車用的普通蓄電池，有比較大的質量？很明顯地，要讓這個蓄電池運動，會比讓枕頭運動困難得多，這便是蓄電池有比較大的慣性的證明，也因此它的質量比較大。枕頭的尺寸可能比較大一些，也就是說，它的體積比較大，但是，它的質量卻比較小。別忘了，質量與體積是不同的兩件事。

質量不是重量

質量與重量也通常被混爲一談。我們說重的物體含有較多的物質，而通常我們以量度這個物體受到地球重力的吸引，來決定它所包含的物質的量。然而，質量是一個比重量還來得基本的物理量。

▲圖 4.7
在太空中搖動一塊處於失重狀態下的石頭，與在地球上搖動同一塊石頭，兩者的困難度是一樣的。

質量是對物體內所含物質多寡的量度，它取決於物質組成原子的種類與數目。另一方面，重量是作用在這個物體的重力的量度，因而重量取決於物體所在的位置。

就一塊特定的石頭來說，它所包含的物質的量，不論是在地球上、月球上或是外太空，都是一樣的，因此，不論是在何處，這塊石頭的質量都不變，這可以用簡單的方法來驗證，就是在這三個不同的地點，握住這塊石頭前後搖動。不論是在地球上、月球上或是無重力狀態的外太空，只要我們以相同的節奏搖動這塊石頭，就需要施上相同的力才行。這塊石頭的慣性，或說是質量，就是它本身所具有的一個性質，與它所在的位置無關。

然而，石頭在地球上的重量，與它在月球上的重量完全不同，當然，也跟它在外太空時的重量不同。在月球表面上，石頭的重量只有它在地球表面上的 1/6 而已，這是因為在月球上的重力只有地球上的 1/6 而已。假如這塊石頭是在沒有重力的太空，它的重量會等於零，反觀它的質量卻不可能是零。質量與重量並不相同。

我們可以把「質量」與「重量」做如下的定義：

質量是物體內所包含物質的量。更精確來說，質量是對物體慣性（或「惰性」）的量度。
重量是作用在物體上的重力大小。

雖然質量與重量不相同，但就同一地點而言，它們兩者倒是互成正比的。質量愈大的物體，重量也愈大；質量小的物體，重量也愈小。在同一地點量度一物體重量，質量增大兩倍時，重量也會增大兩倍。記住，質量與物體內所包含物質的量有關，而重量則與物體受重力吸引的大小有關。

Question

1. 一塊 2 公斤的鐵塊所具有的慣性，是否是 1 公斤的鐵塊的兩倍？質量也是兩倍嗎？體積呢？當在同樣地點秤重時，重量也會是兩倍嗎？

2. 一串 2 公斤的香蕉的慣性，是否是 1 公斤土司麵包的兩倍？質量也是兩倍嗎？體積呢？當在同樣地點秤重時，重量也會是兩倍嗎？

Answer

1. 所有問題的答案都為「是」。2 公斤鐵塊內的鐵原子數，是 1 公斤鐵塊的兩倍，因此它有兩倍的物質量、質量與重量。因為兩個鐵塊都是由相同的物質所組成，所以 2 公斤鐵塊也有兩倍大的體積。

2. 凡 2 公斤的任何物體所具有的慣性與質量，都是 1 公斤物體的兩倍。在同一地點下，由於重量與質量成正比的關係，2 公斤物體的重量是 1 公斤物體重量的兩倍。本問題中除了體積以外，所有的答案都為「是」。體積與質量正比的條件，只有在物體的組成相同，或是在相同質量占有相同體積的情況下，也就是當物體的密度相同時才成立。香蕉的密度比土司麵包大得多，所以 2 公斤香蕉的體積會比 1 公斤的麵包小很多。

1 公斤重 9.8 牛頓

在美國，當我們要表示某物體包含的量時，通常以這個物體受到地球重力的吸引來表示，也就是以物體的重量來表示。在英語系國家，傳統的重量單位是英磅，然而，在世界上大多數的國家，都是以質量單位來表示。國際單位制的質量單位是公斤，符號是 kg。

在地球表面上，1公斤袋裝的鐵釘，重量是2.2英磅。

公制最初是在1790年代於法國設立的。重新修訂過的公制是所謂「國際單位制」（International System of Unit，縮寫為SI，是由法文 *Le Système International d'Unités* 而來的）。關於國際單位制裡的單位簡寫，我們應該把它們視為符號，而不是縮寫。

國際單位制用來表示力的單位是牛頓（猜猜看這是根據誰而命名的？）。1牛頓的大小，稍小於四分之一英磅，大約是一個檸檬的重量，約110公克。在國際單位制裡，我們用大寫的N表示牛頓，使用大寫字母是因為它是根據某人的名字而來的。1公斤袋裝的鐵釘，在國際單位制是9.8牛頓的重量，當我們拿到遠離地表的高空去測量時，因為該處的重力較小，鐵釘的重量量起來也較小。

當你已知某物以公斤表示的質量，而想要知道它的重量是若干牛頓時，只要把公斤之前的數字，乘上9.8就可以了。或者你已知某物以牛頓表示的重量，只要把這個數字除以9.8，就可以知道物體有多少公斤的質量了。重量與質量兩者互成比例，重量（以牛頓為單位）＝質量×因重力產生的加速度；或者更簡單地說，重量＝mg。

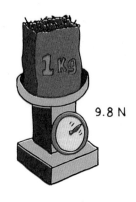

▲圖4.8
質量1公斤的鐵釘，重9.8牛頓，也就是2.2英磅。

② Question

某段文字敘述如下：質量1公斤的鐵釘，在地球表面附近重9.8牛頓。請問，1公斤的優格，在地表附近也是重9.8牛頓嗎？

④ Answer

是的，在地表附近任何質量1公斤的物體，重量都是9.8牛頓。

4.6　淨力

　　在沒有任何力作用的情況下，靜者恆靜，動者恆動。更精確地說，在「淨力」為零的情況下，物體不會改變它的運動狀態。例如，你以大小相等、方向相反的兩個力，同時去推一個靜止物體的兩側，這個物體仍然會保持靜止。這兩個力，彼此互相抵消，因而淨力為零。作用在同一個物體上的所有力，在效果上的總合，我們稱為淨力，而會造成物體運動狀態改變的，正是淨力。

　　圖 4.9 說明多個作用力如何結合變成一個淨力。當你以 10 牛頓的作用力，水平地拉動一個在無摩擦力桌面上的靜止物體時，物體所受的淨力為 10 牛頓。如果有一個朋友來幫忙，在和你相同的方向上，用了 5 牛頓的力來拉這個物體，此時物體所受到的淨力是你們兩人施力的和，也就是 15 牛頓（圖 4.9 上圖），結果物體猶如只受到單一 15 牛頓的力而運動。然而，如果你朋友所施的 5 牛頓力，方向與你相反的話，淨力就會是你們兩人施力的差，也就是 5 牛頓（圖 4.9 中圖），結果物體猶如只受到單一 5 牛頓的力而運動。

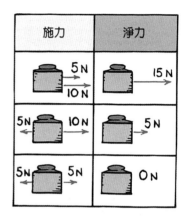

▲ 圖 4.9
當物體不只受到一個力作用時，淨力就是這些力的總和。當施力方向相同時，淨力等於這些力相加的和；當施力的方向相反時，淨力等於這些力相減的差。

4.7　平衡——淨力等於零時

　　當你的書靜置在桌上時，共有哪些力作用在它身上？千萬別回答說只有它的重量而已。假如真的只有重力，它會是個自由落體。書本靜止的這個事實，證明了必定有另外一個力作用在書本上。另外的這個力，剛好抵消了書本的重量，且讓淨力等於零，這個力是

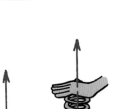

▲圖4.10

（左）桌面對書本有一個向上的推力，而這個推力剛好等於書本的重量。（右）彈簧對你的手有個向上的推力，這個推力恰等於你施加給彈簧向下的推力。

來自桌面的支承力，通常我們又把支承力叫做法向力。法向力的方向通常與接觸面成直角。法向的意思就是「與…成直角」，這也是它為什麼被稱為法向力的原因。如圖4.10所示，桌面對書本有一個向上的推力，而這個推力剛好等於書本的重量。當物體是靜止時，作用在它身上的淨力等於零，我們說這個物體正處於平衡狀態。靜置在桌上的書本，就是處於平衡狀態。

　　這個桌子真的有把書本向上推嗎？是的，情形就和你向下去壓縮彈簧時，彈簧對你有個向上的推力一樣。看看圖4.10，你可以感覺到彈簧把你的手推回來。

　　同樣地，一本靜靜躺在桌面上的書，也正在壓縮桌面上的原子。我們可以把這些與書接觸的原子，想像成極微小的彈簧，向上推著書本。由於書本處於平衡狀態，所以作用在它上面的淨力必須等於零，因此桌面朝上對書本的推力，恰好等於書本向下對桌面的壓力。若一隻螞蟻正好被困在書本與桌面之間，牠會感覺上方與下方各有一股推力，要把自己壓扁。

　　假設你拉扯一條繩索，繩索內的原子並沒有受到壓縮，相反地原子會被拉張開來，此時繩索內會形成有一股張力。處在張力下的繩索，如果你再用手去撥它，它會發出「砰」的聲音！當你拉一條繩索，把自己吊起來時，繩索上會有多大的張力呢？

　　假設你是處於不動的平衡狀態，那麼張力大小會等於你的體重，繩索把你往上拉，而重力卻把你往下拉。因為大小相等、方向相反的兩個力，彼此會互相抵消，所以你會靜靜地懸吊在那裡。

　　再假設你拿一根棒子，用兩條繩子綁住，然後用手抓住棒子，把自己吊在上面，像右頁圖4.11那樣，若忽略棒子的重量，則每一條繩子上的張力，是你體重的一半。向上的張力總和（1/2體重＋

1/2 體重）剛好會平衡你向下的體重。當你用兩隻手像拉單槓般把自己抬起時，每一隻手臂的施力都支承了你體重的一半。你有沒有試過單手拉單槓？為什麼使用單手的困難度會加倍呢？

　　彈簧秤也可以用來測量張力。當我們把一袋蘋果吊在彈簧秤底下時，它的讀數就是蘋果的重量。一袋質量 1 公斤、裝有 10 個蘋果的重量是 10 牛頓，當我們把這袋蘋果，掛在一個彈簧秤底下時，彈簧秤的讀數是 10 牛頓，如圖 4.12 的左圖。若我們把這袋蘋果，改掛在兩個彈簧秤底下，如圖 4.12 的右圖，則每一個彈簧秤的讀數會是 5 牛頓。這兩個彈簧秤一起向上的拉力，剛好等於這袋蘋果的重量 —— 10 牛頓。因為這袋蘋果靜止不動，所以作用在袋子上的淨力必定等於零。

　　關鍵的想法如下：如果這個 10 牛頓重的袋子處於平衡狀態，那麼，這一對彈簧的合力必定等於 10 牛頓；假設彈簧的方向都是垂直的，情況就很簡單：5 牛頓＋ 5 牛頓＝ 10 牛頓。

▲圖 4.11
兩條繩索的張力和，必定等於你的體重。

4.8　力的向量加法

　　現在，我們來討論如果彈簧秤的方向不是垂直的，情況會是如何？在彈簧秤不是以垂直方式懸吊的情形，彈簧會有較大的張力，而這個張力的大小，取決於彈簧與鉛垂線的夾角。如果我們用向量的方式來說明，會讓這個複雜的狀況，比較容易了解一些。試著回憶一下我們在第 3 章裡討論過的向量。我們將會採用同樣的向量加法技巧，來計算作用力的加法。與速度相同，作用力也是一個同時具有大小與方向的向量。

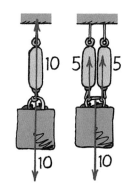

▲圖 4.12
兩個彈簧一起向上的拉力，會是單一彈簧的一半。

Question

當你踏在一般家用的體重計上時，來自你雙腳向下的力，以及地板支撐向上的力，會壓縮體重計內的彈簧，而從彈簧受壓縮的程度，便可以讀得你的體重。實際上，體重計量度的是地板的支承力。假如你現在同時站在兩個體重計上，而且讓你的體重平均分配給它們，則兩體重計的讀數會如何？再假設你是一腳重、一腳輕地分別站在兩體重計上，則體重計上的讀數又會如何？

Answer

因為你是處於平衡狀態，所以兩個體重計讀數相加起來的和，必定等於你的體重，且等於地面的支承力，剛好與你的體重相抵消，所以淨力等於零。假如你均勻地把體重分攤到兩個體重計上，每個體重計上的讀數，當然就是你體重的一半。若你讓身體傾斜，讓體重多偏向某個體重計，那麼它的讀數便會大於你體重的一半，然而兩個體重計讀數相加起來的和，還是會與你的體重相等。例如，其中一個體重計的讀數是你體重的三分之二，那麼另一個的讀數，就會是你體重的三分之一。這樣舉例你懂嗎？

　　先看看圖4.13左邊那個圖的情形。我們注意到，當彈簧秤與鉛垂線的夾角是60度時，這兩個彈簧秤的讀數都是10牛頓，恰好是垂直懸掛的彈簧讀數的兩倍！為什麼？因為這兩個張力向量的和，必定足以支持一個向下10牛頓重的袋子。這兩個向量的和，大小必定等於10牛頓，方向垂直向上，就像圖中這兩個向量所圍成的平行四邊形的對角線。在彈簧與鉛垂線夾角成60度，或是兩個彈簧秤夾角

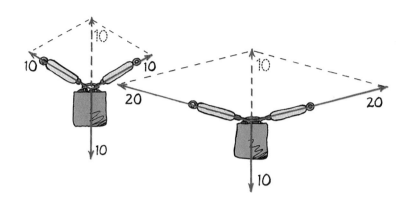

◀圖4.13
當兩個彈簧秤之間的角度增大時，它們的讀數也必定增大，才能保持向上10牛頓的合量。圖中以虛線表示的向量，是向上10牛頓的合量，用來支承10牛頓的荷重。

120度的情形下，每個彈簧秤的張力，都必定等於10牛頓。對於夾角大於60度的情形，彈簧秤的讀數必定會更大。

　　再看看圖4.13右邊。彈簧秤與鉛垂線的夾角增加為75.5度。在這個角度的情形下，每個彈簧秤必定會拉到20牛頓，才足夠在鉛垂方向產生一個10牛頓的向上合量。當彈簧秤的夾角增大，它們的張力也必定增大，才能讓合量維持向上10牛頓。以平行四邊形來說，當彈簧秤與鉛垂線的夾角增大時，彈簧秤的張力也必須跟著增加，才能讓對角線方向的力保持10牛頓。如果你可以了解這點，就知道

◀圖4.14
你可以很安全地用一條鉛直下垂的曬衣繩把自己吊起來，可是如果曬衣繩是水平拉開的，你將會把它扯斷。

為什麼一條垂直的曬衣繩可以支撐你的體重，把它綁成水平線時，就沒法兒支撐了，因為與垂直方向比起來，當你拉扯幾近水平的曬衣繩時，它的張力會遠比垂直時大得多，所以繩子會斷裂。

對任何用來懸吊重物的一對彈簧秤、繩索或電線來說，它們的夾角愈大時，張力愈大，這一對張力的合量，或說是它們所圍成的平行四邊形的對角線，必定等於懸吊物的重量而方向相反。你可以從下面問題的答案看出，向量所使用的平行四邊形加法，會產生一些很有趣的結果。

Question

1. 假設在玩盪鞦韆的這兩位小朋友，體重相同，請問哪一個鞦韆比較容易斷掉？

2. 假設你把一個重量10牛頓的物體掛在一條水平、伸張地非常緊的吉他弦中點處，請問這條琴弦在懸掛的位置上，可不可能保持水平而無任何下垂現象？

4.9　再談運動中的地球

哥白尼在十六世紀時宣稱地球是一直在運動的，這個極富爭議的觀念，引發了許多的爭辯與討論，其中一個反對地動說的論證如

下所述。有一隻鳥靜靜地站在一棵大樹樹枝上，樹下有一條很肥嫩的蟲。鳥看到了這條蟲，只要從樹上垂直飛下來，就可以捉到它了。人們就爭論道，如果地球真如哥白尼所說是在運動的話，鳥就無法用它原來的方式抓蟲了。假如哥白尼所說屬實，地球就是以每小時107,000公里的速率，一年繞太陽運轉一圈。把這個速率換算成秒速的話，地球運動的速率便是每秒30公里，這麼一來，即使鳥能在一秒鐘從樹枝上飛到地面，這條蟲也早已被甩到30公里遠外的地方了。因此，這種情形對鳥來說，想捉隻蟲子來吃根本就是件不可能的任務。所以，我們似乎可以從小鳥捉蟲這件事，來證明地球是靜止不動的。

你能否反駁這個論點？假如你運用慣性觀念，便可以反駁這個論點了。你知道的，不是只有地球以每秒30公里的速率在運動，那

▲圖4.15
地球是否必須靜止不動，才能讓鳥捉到地面的蟲子？

Ⓐ Answer

1. 當繩索張開角度懸掛物體時，它受到拉張的力，或是說張力，會比較大。所以，有角度的繩索比垂直的繩索來得容易斷裂。

2. 絕對不可能！如果懸掛10牛頓的重物能處在平衡狀態，必定有一個向上10牛頓的合量才能平衡，因此在中點左右的半條吉他琴弦的張力，必定要形成一個對角線為10牛頓、向上合量的平行四邊形。如果我們希望弦的下垂程度只有一點點，那麼平行四邊形的邊長就必須要很長很長才行，張力便會很大；若要琴弦幾乎沒有任何下垂，張力必定趨近於無限大。再靈活想想這個觀念就知道，一條已經拉得很緊的琴弦，我們只要在它中間稍微拉一點點，就會讓它的張力變得很大很大，這也是為什麼，我們只施一小點力在拉緊的琴弦側邊，就會把吉他弦弄斷的原因了！

棵大樹、它的樹枝、樹枝上的小鳥、樹下的蟲子，甚至周圍的空氣都是以每秒30公里的速率在運動。在沒有不平衡的外力作用的情況下，動者恆動。因此，小鳥順利吃到蟲，且絲毫未受到整體環境運動的影響。

另外有一個實驗。請你先貼著牆壁站好，然後用力往上一跳，讓雙腳離地。請問，牆壁有沒有以每秒30公里的速率從你身旁呼嘯而過？為什麼沒有？因為你自己在起跳前、在空中或是起跳後，同樣也是以每秒30公里在運動。這個每秒30公里的超高速率，是地球相對於太陽的速率，而不是牆壁相對於你的速率。

四百多年前，人們很難去理解這類的觀念，理由不只是因為他們還不了解慣性，也因為他們還不習慣高速的運輸工具；乘坐速度緩慢、顛簸不堪的馬車，實在無法讓人們做出足以揭露慣性的實驗。今天，我們可以很容易地在高速行駛的汽車、公車或飛機上，輕輕地往上拋出一枚銅板，然後看著它垂直掉回你的手中，情形就跟在靜止的車子裡擲銅板一樣。我們也可以從銅板拋出前、在空中，以及掉回手中後各個階段的水平運動狀態，看得出慣性定律成立的證據；這枚銅板一直都跟著我們一起移動。垂直方向上的重力，只會影響銅板在垂直方向上的運動。

今日我們對運動的觀點，已經與我們祖先的觀點有非常大的差異。亞里斯多德並沒有認識到慣性觀念，因為他沒有看出來，所有運動中的物體都遵循著相同的規則。亞里斯多德想像天堂中的運動與地球上的運動，各自遵循著不同的規則；他認為水平方向的運動是「不自然的」，而且需要有個恆定的力，才能保持物體的運動。反觀伽利略與牛頓，他們認為所有的運動都遵循相同的規則，只要沒有摩擦力存在，運動中的物體不需要任何力來讓它們繼續運動。我

▲圖4.16
在高速行駛的飛機上，輕拋一個銅板，則它運動的方式，與飛機靜止時沒什麼兩樣，銅板還是會掉回你的手中，這是因為慣性的作用！

們現在只能懷疑，假如亞里斯多德當初領會到各種運動間的一致性，以及摩擦力對運動的影響，那麼今日的科學會進步到什麼程度？

觀念一把抓

觀念摘要

伽利略斷定如果物體沒有受到摩擦力，運動中的物體會永遠運動下去。

牛頓第一運動定律——慣性定律：

　　除非物體有受到外力，迫使它改變運動狀態，否則靜者恆靜，動者維持等速率直線運動。

慣性是物體反抗其運動狀態改變的一種阻力。
- ◆ 質量是對慣性的一種量度。
- ◆ 質量與體積不同。
- ◆ 質量與重量不同。
- ◆ 物體的質量取決於它所含有的原子種類與數量，而與它所在的地點無關。

淨力——作用在一物體上的所有力的向量和，會改變物體的運動狀態。
- ◆ 當物體靜止時，它的重量會被一個大小相等、方向相反的支承力所抵消。
- ◆ 當物體靜止時，它正處於平衡狀態下，淨力等於零。

重要名詞解釋

力　force　任何會使物體加速的影響，推力和拉力都屬之，牛頓為其測量單位，是一種向量。（4.3）

摩擦力　friction　互相接觸的物體或材料之間做相對運動（或企圖做相對運動）時所抗拒的力。（4.3）

慣性　inertia　任何物體物體反抗其運動狀態改變的一種阻力。質量就是用來量度物體的慣性。（4.3）

牛頓第一運動定律　Newton's first law　同慣性定律。（4.4）

慣性定律　law of inertia　除非物體有受到外力，迫使它改變運動狀態，否則靜者恆靜，動者維持等速率直線運動。亦稱為牛頓第一運動定律。（4.4）

質量　mass　物體慣性的量度，也是量度物體所包含物質的量，依其組成物體的粒子種類和數量來決定，與所在地點無關（和重量不同）。（4.5）

重量　weight　一物體受到另一物體（一般是指地球）重力作用的大小。（4.5）

公斤　kilogram　基本的國際單位制質量單位。1公斤是4℃時1公升純水的質量。（4.5）

牛頓　newton　國際單位制力的單位。1牛頓（N）是作用於1公斤質量，並使該質量產生1公尺／秒^{2}加速度所需的力。（4.5）

淨力　net force　作用於一物體上所有力的總和。（4.6）

平衡　equilibrium　一物體淨力為零的狀態。（4.7）

法向力　normal force　水平表面上的一靜止物體，平衡該物體重量的向上的力，亦稱為支承力。（4.7）

支承力　support force　將一靜止物體的重量完全抵消的力。（4.7）

借題複習

1. 亞里斯多德如何區別自然運動與暴力運動的不同？（4.1）

2. 爲什麼哥白尼沒有很熱中於出版他的觀念？（4.2）

3. 摩擦力對運動中的物體有怎樣的效應？（4.3）

4. 當球從斜面上往下滾時，速率會增加；若是由下往上滾時，速率則會減慢。當球在水平面上滾動時，會發生什麼情況？（4.3）

5. 伽利略發現，球從斜面上往下滾動時所增加的速率，能讓它滾上另一個斜面。請問與它初始的高度相比，球能滾多高？（4.3）

6. 慣性定律與運動中的物體相關還是與靜止的物體相關？或是與兩者都有關係？請舉實例來支持你的答案。（4.4）

7. 慣性定律的定義是說，不需要任何力來維持物體的運動狀態，那麼，爲什麼你在騎腳踏車時，腳要一直踩著踏板，好讓它繼續運動？（4.4）

8. 假設你從一艘太空船上發射一枚砲彈到無摩擦的太空中，請問你須要使用多少力，才能讓砲彈保持運動？（4.4）

9. 一塊 2 公斤的石頭，其質量是否是 1 公斤的石頭的兩倍？慣性是兩倍嗎？重量也是兩倍嗎（假設在同一地點秤重）？（4.5）

10. 一公升融熔的鉛液，是否與一公升蘋果汁有相同的體積？它們有相同的質量嗎？（4.5）

11. 爲什麼物理學家說，質量比重量更基本？（4.5）

12. 在沒有重力的外太空，大象與老鼠的重量都等於零。假如它們以相同的速率撞上你，對你造成的後果也相等嗎？請解釋原因。

（4.5）

13. 一桶2公斤的優格，重量是多少？（4.5）

14. 作用在平衡狀態下物體的淨力（或合力）是什麼？（4.6）

15. 兩個方向相同的作用力，10牛頓與15牛頓，同時作用在一個物體上。這個物體所受到的淨力大小是多少？（4.6）

16. 兩個方向相反的作用力，10牛頓與15牛頓，同時作用在一個物體上。這個物體所受到的淨力大小是多少？（4.6）

17. 如果你用雙手把自己吊起來，但保持靜止不動，此時你手臂的張力是多少？如果你改成只用一隻手呢？（4.7）

18. 當你用手抓著曬衣繩把自己吊起來時，曬衣繩上會有張力。為什麼吊水平的曬衣繩比鉛直垂吊時有更大的張力？（4.8）

19. 在一輛靜止的公車上，握著一枚硬幣高舉過頭頂，再鬆手讓它下落，這枚硬幣會掉落在你的雙腳前方嗎？如果公車是以直線等速率行駛的話，銅板會在哪裡著地呢？（4.9）

20. 在一架時速600公里的高速噴射機客艙裡，有一個枕頭從你頭頂上方的行李架上掉下來，剛好掉在你的膝蓋下方。奇怪的是，飛機的速率這麼快，為什麼這個枕頭不會一股撞上客艙後方的座位呢？請問，枕頭相對於地表的運動速率是多少？它相對於你這位乘客的速率，又是多少？（4.9）

想清楚，說明白

1. 當汽車被後面的車追撞時，乘客最容易發生頸部骨折的情形。我們如何用牛頓第一定律來解釋這個現象？汽車坐椅的頭枕是如何防護這類的意外傷害？

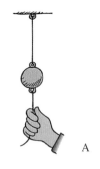

A

B

C

2. 假設你把一個球放在一輛小推車的中間，然後推這輛臺車加速向前駛去。試著描述球相對於地面和球相對於推車的運動情形。

3. 當一輛廢棄汽車被壓縮成一個立方體時，它的質量有否改變？體積呢？重量呢？

4. 假如有一頭大象正追著你跑，牠那巨大的質量非常嚇人。可是若你採Z字形的方式逃跑的話，牠的質量反而對你有利。為什麼？

5. 當你在擠壓一塊海綿時，哪些物理量會發生變化：質量、慣性、體積，還是重量？

6. 如左圖A所示，有一個質量很大的球，用繩子懸掛住，在球的另一端也綁著另一條繩子，且被人緩緩地從下方拉：

(a)究竟是上半部的繩子，還是下半部的繩子有較大的張力？哪一段的繩子比較可能斷裂？就這個現象而言，是質量或重量，扮演了比較重要的角色？

(b)假如現在改用快速用力向下一扯的方式，哪一段繩子比較容易斷裂？是質量或重量，扮演了比較重要的角色？

7. 當鐵鎚的頭鬆掉時，你會用鎚頭去撞擊工作臺，好讓它變緊。若讓握把朝下，如左圖B那樣，會比讓鎚頭朝下有較好的效果，為什麼？請以慣性的觀念來解釋其中的道理。

8. 有位小女孩，像左圖C那樣，把自己吊在繩子的兩端。請問圖中的彈簧秤讀數是多少？（以她的體重為標準）

9. 亨利是一位油漆工人，經年都坐在他的水手椅上，上上下下地刷油漆。他的體重是500牛頓，而他使用的繩子卻只能承受300牛頓的張力，可是他並不知道這點。他通常都是以右頁上方的圖左邊的方式工作，為什麼繩子不會斷裂呢？有一天，亨利漆到一根旗竿附近，他忽然想做一點小改變，於是鬆開那條繩子的某一

端，把它綁在旗竿上，而不是像原來那樣綁在椅子上，如圖右邊
那樣，結果亨利卻必須提前休假，為什麼？

10. 如果我們在空中設定一個點，這個點相對於太陽來說，是一個靜
止的點。因為地球會自轉，所以對整個美國大陸來說，需要花三
個小時，從那個定點的底下通過。請問下列敘述有什麼錯誤？假
如我們想要用最少的汽油，從美國首府華盛頓旅行到舊金山市，
我們可以搭乘直昇機，從華盛頓直直升空，在空中等個三小時，
直到舊金山從直昇機的下方通過時，我們再降落就可以了？！

11. 下圖三種姿勢中，哪一種會讓舉重選手的手臂，有最小的張力？
哪一種姿勢會造成最大的張力？

12. 為什麼下圖中的大力士，已經用了很大的力氣，還是無法把這條鍊子拉直？

沙盤推演

1. 一位女郎的質量是50公斤，請問她的體重有多少牛頓？
2. 試計算一頭質量2,000公斤的大象，它的重量有多少牛頓？
3. 請問一個質量2.5公斤的哈密瓜，重量為多少牛頓？多少英磅？
4. 一個蘋果的重量約1牛頓，它的質量是多少公斤？重量是多少英磅？
5. 蘇西發現自己的體重是300牛頓，請計算她的質量。

實戰演練

1. 一輛中型的美國房車，重量大約是3,000英磅。請問它的質量為若干公斤？
2. 假設有位女郎在地球上的體重是500牛頓，請問，若她到了重力加速度為26公尺／秒^{2}的木星上，體重會變成多少？

第 5 章

牛頓第二運動定律
—— 力與加速度

踢一顆足球，它會在空中運動。由於受到重力的影響，足球運動的軌跡不是直線，而是向下彎曲的弧線。當我們把球接住，它才停下來。大部分我們所觀察到的運動，都是有變化的，例如，從靜止開始起動、速度減慢或是沿著曲線運動等等。在上一章裡，我們討論了靜止或等速運動的物體，這些物體所受到的淨力為零，所以它們的運動狀態保持不變。而本章所探討的內容比較普遍，即有變化的運動——加速度運動。

回憶在第 2 章中所學過，加速度是在描述物體運動狀態改變的快慢，更精確來說，是物體在每段特定時間內的速度變化量。我們可

以用簡潔的公式表示爲

$$加速度 = \frac{速度的變化量}{總時間}$$

這就是加速度的定義。本章的焦點，在於加速度的成因──力。

　　希臘字母 Δ（delta）常被用來代表「改變量」或「差」的符號，因此加速度a也可以寫成a＝Δv／Δt，其中Δv代表速度的變化量，Δt代表時間的變化量（花費的總時間）。

▲圖 5.1
踢一顆足球，足球既不是維持原地不動，也不是直線飛行。

5.1　力造成加速度

　　考慮某個靜止物體，例如一個停在冰上曲棍球場中的橡皮圓盤。當曲棍施力在橡皮圓盤上，便造成圓盤由靜止開始運動，也就有了加速度──橡皮圓盤的運動狀態產生了變化。當曲棍不再推動橡皮圓盤時，圓盤便維持等速度運動；若再次敲擊圓盤，它的運動狀態會再度改變，此時圓盤有了加速度──力造成的加速度。

　　在大多數的情形下，我們對物體所施的力，通常不是唯一作用在物體上的力，其他力同時也可能作用在該物體上。回想上一章所學到的，作用在同一個物體上的所有力結合起來叫做淨力。加速度跟淨力有關；若想要增加物體的加速度，就必須增加它的淨力。這裡有很重要的物理意義：如果對物體施的力加倍，物體的加速度也會加倍；如果對物體施的力變爲原來的三倍，則加速度也變爲原來的三倍，於此類推。所以，物體的加速度，直接正比於作用於它的淨力，可以寫成下式：

▲圖 5.2.
即將被曲棍擊中的橡皮圓盤。

$$加速度 \propto 淨力$$

式子中的符號∝代表「正比於」。

5.2　質量抗拒加速度

　　試著推一部空的購物推車，然後再用相同的力去推另一部載滿食物的推車，你將會發現，比起空的推車，載滿食物的推車加速度要小很多，這顯示加速度與被推物體的質量有關。若以相同的力去推一個兩倍質量的物體，加速度會是原來的一半；若去推三倍質量的物體，加速度則只有原來的三分之一。換句話說，如果力的大小固定，則物體所產生的加速度，將會反比於物體的質量，我們把這個關係寫成：

$$加速度 \propto \frac{1}{質量}$$

使用反比這個詞，表示這兩個值變動的傾向相反。就像數學裡的分母增大時，整個分數會變小一樣，例如 1/100 小於 1/10。

▲圖 5.3
加速度的大小與被推物體的質量有關。

5.3　牛頓第二運動定律

　　牛頓是第一位了解到加速度不只和推力、拉力的大小有關，也和物體的質量有關的人。他提出了自然界中最重要的規則之一——他的第二運動定律。牛頓第二運動定律描述如下：

淨力對物體所產生的加速度大小，直接與淨力的大小成正
比，且方向與淨力相同，並與物體的質量成反比。

或者，可以把這個關係用方程式表示為：

$$加速度 \propto \frac{淨力}{質量}$$

若使用通用的單位，比如力用牛頓（N）、質量用公斤（kg）、加
速度用公尺／秒²（m/s²），則方程式可確實地寫成：

$$加速度 = \frac{淨力}{質量}$$

若用a代表加速度、F代表力、m代表質量，則上式變成：

$$a = \frac{F}{m}$$

▲圖5.4
賽車的強大加速性能，來自於本
身產生強大推力的能力。

加速度等於淨力除以質量。從這個關係式中，我們發現當作用
在物體的淨力加倍時，加速度也會加倍。假如換成淨力的大小固
定，而是質量加倍的話，則加速度會減半。又如果淨力與質量同時
加倍的話，加速度將不會改變。

▶ 物理 DIY

加速度會在哪個方向？

　　淨力作用在物體上所產生的加速度，總是與它淨力的方向相同。你可以利用一個線軸做實
驗，來了解這個道理。如果將線沿著水平的方向往右拉，則線軸
會往哪個方向滾動？還有，細線在滾輪的上方或下方，是否會造
成差異？試試看，你也許會很驚訝。

如果我們把物體的質量以公斤（kg）表示，加速度以公尺／秒^2（m/s^2）為單位，則力的單位便會是牛頓（N）。也就是說，想要使質量 1 公斤的物體，產生 1 公尺／秒^{2}的加速度，所需的力就是 1 牛頓。我們可以把牛頓第二運動定律改寫成：

$$力 = 質量 \times 加速度$$
$$1 牛頓 = (1 公斤)(1 公尺／秒^2)$$
$$= (1 \text{ kg})(1 \text{ m/s}^2)$$

於是，我們可以看得出來

$$1 牛頓 = 1 公斤 \cdot 公尺／秒^2$$
$$= 1 \text{ kg} \cdot \text{m/s}^2$$

其中，在公斤與公尺／秒^{2}這兩個單位之間的小點，代表乘法，也就是這兩個單位是相乘的。

如果我們知道牛頓第二運動定律公式中的任意兩個物理量，便可以輕易算出第三個未知量。舉例來說，要多大的推力，才可以使一架質量 30000 公斤的噴射機，產生 1.5 公尺／秒^{2}的加速度？我們計算看看：

$$F = ma$$
$$= (30000 \text{ kg})(1.5 \text{ m/s}^2)$$

$$= 45000 \text{ kg} \cdot \text{m/s}^2$$

$$= 45000 \text{ N}$$

假設我們現在已知的是力與質量，而想要找出加速度。
例如，用 2000 牛頓的力，去推一部 1000 公斤的汽車，可以
產生多大的加速度？使用牛頓第二運動定律，我們得出：

$$a = \frac{F}{m} = \frac{2000N}{1000kg} = \frac{2000kg \cdot m/s^2}{1000kg} = 2 \text{ m/s}^2$$

如果作用力增為 4000 牛頓，加速度會變為多少？

$$a = \frac{F}{m} = \frac{4000N}{1000kg} = \frac{4000kg \cdot m/s^2}{1000kg} = 4 \text{ m/s}^2$$

在質量不變的情況下，施力增為兩倍，加速度也會增為兩
倍。

真正的物理問題，通常會比這些複雜。然而，本書的重
心並不在於解決複雜的問題，相反地，我們強調方程式只是
用來引導你了解基本物理觀念之間的關係。在本書很多章的
「**觀念一把抓**」後面有「**沙盤推演**」單元，目的就在幫助你
熟悉這些方程式，而「**實戰演練**」單元，則是更進一步的挑
戰。雖然，物理問題的求解，在更高深的物理課程中占了很
重的比例，但就現在而言，學觀念比較重要！那麼未來在解
物理問題時，才會更有意義。

Question

1. 如果某部汽車可以產生2公尺／秒^{2}的加速度，則當它拉另一部相等質量的車子時，能有多大的加速度？
2. 一大小固定的力，作用在質量固定的物體上，所產生的運動狀態為何？

Answer

1. 同樣的力作用在質量加倍的物體時，加速度會減半，也就是1公尺／秒^2。
2. 恆定不變的力將產生等加速度運動，才符合牛頓第二定律。

5.4　摩擦力

　　在第4章裡，我們曾討論過摩擦力。就像其他力一樣，摩擦力會影響物體的運動。摩擦力作用在彼此有接觸的兩個物體上，而且方向總是與物體運動方向相反。兩個物體接觸時，摩擦力主要是由於它們的表面不平滑而產生。當一物體在另一物體的表面上滑過時，它要不翻越不平整的隆起，就是刮擦這些隆起，但不論是哪一種情形，都需要力的作用。

　　兩個接觸面間的摩擦力，不僅和接觸面的材料有關，也和接觸面受擠壓的程度有關。例如，橡皮與混凝土的摩擦力，會大於鋼與鋼之間的摩擦力，這就是為什麼用混凝土做成的路面分隔島，會取代鐵圍欄的原因了，請看圖5.5。輪胎擦過混凝土表面產生的摩擦力，會大於鋼製車身滑過鐵圍欄的摩擦力，因而能更有效地讓車子

▲圖5.5

混凝土製與鋼製的路面分隔島剖面圖，那一種設計對失控、側滑的車子減慢效果較佳？

減速。仔細看一下，你會發現混凝土做成的路面分隔島，在底部較寬，這是為了確保車子在側邊撞擊時，輪胎會比鋼製車身較早接觸分隔島。

　　摩擦力不只存在於兩個彼此有滑動的固體，或是有滑動傾向的兩個固體表面，摩擦力也發生在液體及氣體中。液體和氣體統稱為流體（因為它們都會流動），而流體摩擦力是在物體穿過流體時發生的。你是否曾試著在深及腰部的水中進行百米短跑？這時你很容易感受到流體的摩擦力，即使只是在低速的情況下。空氣阻力是一種很常見的流體摩擦力，它作用在穿過空氣的物體上。當你在走路或慢跑時，通常不會注意到空氣阻力的存在，但是當你在騎自行車，或從高山向下滑雪時，便可以清楚感受到空氣阻力的存在。

　　當摩擦力存在時，即使物體受有外力作用，它還是可能只維持等速度運動，在這種情形下，摩擦力剛好抵銷了外力，也就是淨力為零，因此沒有任何加速度。例如在圖5.6中，當推力與摩擦力互相抵消時，木箱以等速前進；而當空氣阻力與袋子的重量達到平衡時，袋子也會以等速度下落。

推力

摩擦力

空氣阻力

重量

▲圖5.6
摩擦力的方向總是和物體的運動方向相反。（上）向右推動箱子時，摩擦力方向向左。（下）袋子向下掉落，空氣阻力卻是向上。

❓ Question

1. 靜置於桌面上的書本，受到兩個力的作用：書本的重量與桌子的支承力，請問摩擦力也同時作用在書本上嗎？

2. 假設一架在高空飛行的噴射機以等速飛行，引擎的推力維持 80,000 牛頓，則這架噴射機的加速度為何？作用在噴射機的空氣阻力為何？

Ⓐ Answer

1. 沒有，除非書本有滑動的傾向，或是正在桌面上滑動。比如
   說加一個外力把書本向左推，則桌面與書本間的摩擦力便在
   向右的方向。摩擦力只發生在物體有滑動傾向或正在滑動的
   時候。

2. 因為速度維持不變，所以加速度為零，且由 a＝F/m 得知淨力
   亦為零，表示空氣阻力與引擎的推力相同，所以空氣阻力為
   80,000 牛頓，而作用方向與噴射機飛行方向相反。

5.5　壓力

　　無論你把書本如何放在桌面上，躺著放、站立著放或甚至只是
用書的一角平衡在桌上，書本作用在桌面的力都一樣大。你可以試
著以任何角度把書本放在天平秤盤上來量，以檢測這項事實，你將
會發現，所有情況下的書本重量都一樣。接下來試著把書本以不同
的方式放在手掌心上，儘管書本的重量不變，但你卻會發現它們壓
在手掌的感覺不一樣。這些不同的感覺，是由於書本跟手掌的接觸
面積不同而造成的。每單位面積上的力稱為壓力（又稱為壓強或壓
力強度），更明白地說，當力垂直作用在接觸面時，

$$壓力 = \frac{力}{受力面積}$$

寫成方程式的形式為：

$$P = \frac{F}{A}$$

上式中 P 代表壓力，A 代表受力面積。力的量度單位是牛頓，而壓

▲圖 5.7
雖然直立的書本對桌面的施力不
變，但對桌面來說卻有較大的壓
力。

力的量度單位是牛頓每平方公尺，或巴斯卡（Pa）。每平方公尺面積若受力1牛頓，壓力就等於1巴斯卡。

　　比起雙腳著地，單腳著地對地面造成的壓力比較大，這是因為單腳著地時的接觸面積較小。若能像芭蕾舞者一樣以單趾站著，那對地面所施的壓力會非常大。對一個已知的力來說，接觸面積愈小，壓力愈大。你可以試著計算看看，當你站立時，對地面所施的壓力有多大。方法之一是，用水沾濕你的腳底，然後站在一張乾淨的方格紙上，接著數一數足印在紙上所包含的方格數，然後把你的體重除以足印面積，這就是你單腳站立時對地面所施的平均壓力。那麼，雙腳站立時的壓力與單腳站立時相比會如何呢？想想看。

　　請看圖5.8，這是一個和壓力有關的有趣範例。你們可以明顯看出，我用大錘敲擊水泥塊的力非常大，但這位夾在兩張尖銳釘床的朋友，卻毫髮無傷。之所以能夠如此，是因為大部分的力被超過200支貼身的鋼釘均攤掉了，而這些鋼釘的尖端面積總和夠大，足以承受敲擊產生的壓力，不至於刺穿皮膚。注意！這個示範有高度危險性，千萬別拿自己和朋友做實驗。

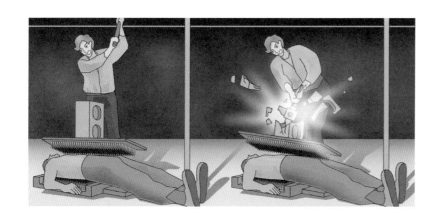

◀圖5.8
我施力在朋友身上，他勇敢地夾在兩張尖銳的釘床之間，但每根釘子的力道卻不足以刺穿他的皮膚。注意！千萬別自己嘗試這項試驗。

Question

1. 若要嘗試圖 5.8 的實驗時，如果一開始用少數釘子，然後再慢慢地增加釘子數，這種做法是否明智？
2. 巨大的水泥塊在這個實驗中扮演了重要的角色。請問是水泥塊是愈小愈安全，還是愈大愈安全？

Answer

1. 不、不、不！沒有任何一位物理老師願意嘗試只有幾根釘子的釘床，因為產生的壓力太大會傷害到身體。
2. 質量愈大的水泥塊，受力後產生的加速度愈小，壓在朋友身上的釘床才會有較小的加速度。重錘敲擊的力，大部分會用到打破水泥塊上，因此大而重、且一敲即破的水泥塊是很重要的。

5.6　解析自由落體

▲圖 5.9
伽利略有名的實驗。

　　伽利略證明了落體的加速度都是相等的，且與落體的質量無關。如果空氣阻力可以忽略，也就是說物體是自由下落的話，那前述結論「絕對」正確；當空氣阻力比落體的重量小很多時，則前述結論「近乎」正確。比方說，一顆 10 公斤的砲彈，與一顆 1 公斤的石頭，同時由等高度放下時，必定同時著地。據說這項實驗是由伽利略自己在比薩斜塔上做的，而推翻了亞里斯多德認為十倍重的物體會以十倍快的速度下落的想法。伽利略和許多其他人的實驗都得到同樣的結果，因而令人信服，但伽利略無法解釋為何加速度會相等。這個事實的解釋，肯定得用到牛頓第二運動定律，但也是第 123

頁漫畫「物理後花園」的主題，現在讓我們分別討論。

　　回想一下質量（物體所包含的量）與重量（物體所受的重力）的是成正比的。一袋 2 公斤的釘子，比一袋 1 公斤釘子重兩倍，所以，質量 10 公斤的砲彈所受的重力（重量），會是質量 1 公斤的石頭所受重力的十倍。亞里斯多德的擁護者相信，大砲的加速度是石頭的十倍，因為他們只考慮到砲彈十倍重量這件事兒。然而，牛頓第二運動定律告訴我們別忘了考慮質量。稍微深入思考一下，你會發現十倍的力作用在十倍質量的物體，與較小的力作用在質量較小的物體，兩者產生的加速度相同。用符號描述就是：

$$\frac{F}{m} = \frac{F}{m}$$

F 代表作用在砲彈上的力（重量），m 代表較大質量的砲彈，而較小的 F 與 m，分別代表石頭較小的重量與質量。我們發現，不管是砲彈、石頭或其他任何物體，重量與質量的比率都相同。所有的自由落體，只要位於地球上的相同位置，都會具有一樣的加速度。在第 2 章裡，我們就是用 g 來代表加速度。

　　我們現在以數值來說明。1 公斤石頭在地表的重量是 9.8 牛頓，10 公斤砲彈在地表的重量是 98 牛頓，作用在落體上的力來自於重力，也就是物體的重量。根據牛頓第二運動定律，石頭的加速度是：

$$a = \frac{F}{m} = \frac{重量}{m} = \frac{9.8N}{1\ kg} = \frac{9.8m/s^2 \cdot kg}{1\ kg} = g$$

而砲彈的加速度是：

$$a = \frac{F}{m} = \frac{重量}{m} = \frac{98N}{10kg} = \frac{98m/s^2 \cdot kg}{10kg} = g$$

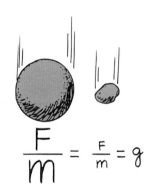

▲圖5.10
重量（F）與質量（m）的比率，對 10 公斤砲彈與 1 公斤石頭來說都是一樣的。

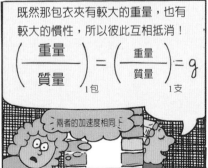

在第 2 章裡，我們討論過著名的「真空管裡的銅幣與羽毛」實驗，但加速度為什麼會相同的原因卻沒有討論到。現在我們知道，這兩個自由落體之所以具有相同的加速度，乃因兩者的淨力只是自己的重量而已，且重量與質量的比率對銅幣和羽毛來說都是一樣的。

Question

假設你在月球上，由同一高度，同時把鐵鎚和羽毛一起丟下，它們是否會在同一時間撞擊到月球表面？

5.7　落體與空氣阻力

在真空的玻璃管中，銅幣與羽毛下落時的加速度一樣，但在空氣中，情況就十分不同了。把空氣灌入玻璃管內，再把玻璃管反轉直立，在硬幣迅速落下的同時，羽毛卻緩緩飄落，空氣阻力減少了作用在物體上的淨力。對銅幣來說，淨力只減少一點點，但對羽毛來說，卻減少很多。羽毛在掉落期間，向下加速的過程很短暫，因為空氣阻力快速增加，很快地就抵消了羽毛輕微的重量。羽毛不需要下落很長的距離或是達到很快的速度，就會看到這種情形發生，

Answer

是的。太空人史考特（David Scott）就做過這個實驗！在月球上，鐵鎚和羽毛的重量只有在地表時的六分之一，而且在那裡也沒有空氣造成摩擦力。對每一個物體來說，在月球上的重量對質量的比率，都是一樣的，所以它們的加速度都是(1/6)g。

只要作用在羽毛的空氣阻力等於它的重量時，羽毛所受到的淨力為零，也就不再有任何的加速度了。加速度停止，羽毛便達到它的終端速率。如果我們考慮方向的話（對落體來說方向向下），我們會說羽毛達到了它的終端速度。

空氣阻力對銅幣的影響就沒這麼大。低速時，與銅幣的重量相比，空氣阻力就顯得微不足道了，所以銅幣的加速度只是略小於自由落體的加速度 g。銅幣可能需要下落個數秒，才能達到足夠大的速率，讓空氣阻力可以抵消它的重量，此時銅幣的速率可能會高達 200 公里／小時，但不會再繼續增加，這便是銅幣的終端速率。

跳傘選手的終端速率從 150 到 200 公里／小時不等，視身體的重量與姿勢而定。身體較重的人會獲得較大的終端速率，而且在空氣中「開路」時也較有效用。另外，身體的姿勢也會有影響。當身體展開時，表面積增加，與空氣接觸的面積也比較多，就像飛鼠一樣。終端速率可以藉由改變身體姿勢來控制，如果較重的人像飛鼠一樣展開身體，而較輕的以頭或腳向下的方式下落，則不論是較重或較輕的跳傘選手，都可以彼此緊靠在一起。降落傘會使空氣阻力大增，迫使終端速率降到 15 至 25 公里／小時之間，慢到讓能夠讓跳傘選手安全著陸。

▲圖 5.11
當空氣阻力等於體重時，花式跳傘選手便達到終端速率。

? Question

如果兩個人，一個較重一個較輕，背著同型號的降落傘，從同高度落下，且同時打開降落傘，請問誰會先到達地面？

Ⓐ Answer

較重的人會先到達地面。像羽毛一樣，體重輕者較快到達終端
速率，在此同時，較重的人還在繼續加速，以達到較大的終端
速率。所以較重者會在較輕者下面，且在下降過程中，兩者的
距離會持續增加。

如果你水平伸出雙臂，手中各握一顆棒球與網球，並同時鬆手
讓它們下落，你會看到它們同時落在地板上。但是，如果你讓它們
從高樓頂端下落，你將發現較重的棒球會先著地，因為物體只有在
高速運動時，才會導致空氣阻力的增加（就像上題中的降落傘一
樣）。在低速率的運動下，空氣阻力經常可以忽略，但在高速的情況
下就十分不同。與較重的棒球相比，空氣阻力對較輕的網球，有較
顯著的影響，所以網球在掉落時的加速度較小。把兩者相比，網球
的下落情形，比較像降落傘。

據說，當伽利略在比薩斜塔上丟下不同重量的物體時，較重的
物體的確率先著地，然而兩者只有一點點的時間差，這與亞里斯多
德的擁護者所宣稱的完全不同。事實上，在牛頓發表他的第二運動
定律之前，人們從未真正了解過落體的運動狀態。

牛頓確確實實改變了我們看待這個世界的方式。

❓ Question

如果下落中的棒球與網球受到相同的空氣阻力作用，哪一
個會有較大的加速度？

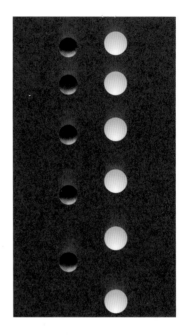

▲圖5.12
高爾夫球和苯乙烯泡棉（styro-
foam）球在空氣中下落過程的
示意圖。較重的高爾夫球，能較
有效地克服空氣阻力，所以它的
加速度較大。它們最後會達到同
一個終端速率嗎？誰會先達到？
為什麼？

空氣阻力

　　拿一張紙與一本書，讓它們從同高度一起自由下落，你會發現書本下落的速率較快，這是因為相較於空氣阻力，書本的重量較大的緣故。如果你把書本以水平方式拿好，讓那張紙緊貼在書本下方的封皮上，然後同時鬆手。結果一點也不令人驚訝：它們將同時著地，因為書本在下落時，剛好也推著紙張一起下落。現在，把紙張放在書本上方的封皮上，然後重複這個實驗，這兩者的加速度比起來如何？

Ａ Answer

　　千萬別回答「相同」！空氣阻力對兩者來說的確相同，但這不意謂兩者所受的淨力也相同，或是淨力對質量的比率相同。較重的棒球有較大的淨力，且每單位質量所受的淨力也較大，正如先前提及的較重跳傘員一樣。想想「空氣阻力的上限」這個問題或許可以說服你自己，也就是說空氣阻力的最大值，是在其等於網球重量的時候。此時，網球的加速度為何？當然是零。但是，當這個同樣大小的空氣阻力，作用在較重的棒球上時，棒球仍會持續地加速嗎？再深入思考一下，你是否了解即使當棒球受到空氣阻力小於網球的重量時，棒球仍舊會有較大的加速度？

觀念一把抓

觀念摘要

當有淨力作用在物體上時，物體會有加速度，也就是物體的速率與
／或運動方向會改變。

- ◆ 物體的加速度正比於作用於其上的淨力。
- ◆ 物體的加速度反比於物體的質量。
- ◆ 加速度等於淨力除以質量。
- ◆ 加速度的方向與淨力的方向相同。

當有外力施加在物體上，而該物體又維持等速度運動時，必定有另
一個大小相等、方向相反的力（通常是摩擦力），來抵消外力。

力作用在物體表面會產生壓力。
- ◆ 當力垂直作用在物體表面時，壓力就等於力除以受力面積。

所有物體在自由下落時，不論它們的質量是多少，加速度都會相
同。
- ◆ 若空氣阻力存在，則落體只加速至它達到終端速率為止。
- ◆ 物體達到終端速率時，空氣阻力會與重力平衡。

重要名詞解釋

反比　inverse　兩物理量的變化方向相反。如果一個量成長一倍，而同時另一個量減少一半，則它們稱做互成反比。（5.2）

牛頓第二運動定律　Newton's second law　物體受到外力產生的加速度，與外力大小成正比，加速方向與力的方向相同，且與物體的質量成反比。（5.3）

空氣阻力　air resistance　物體穿過空氣運動時所受到的摩擦力或拉阻力。（5.4）

流體　fluid　任何會流動的物質，特別指氣體和液體。（5.4）

壓力　pressure　每單位面積上垂直於此表面的力，量度單位為巴斯卡。又稱為壓強，或壓力強度。（5.5）

巴斯卡　pascal　壓力的國際單位制單位。一巴斯卡（以 Pa 表示）的壓力是在每平方公尺上施加一牛頓的法向力。（5.5）

終端速率　terminal speed　落體的加速度為零時的速率，此時重力與摩擦力互相抵消。（5.7）

終端速度　terminal velocity　終端速率與運動方向（落體的方向向下）合併起來的向量。（5.7）

借題複習

1. 試區別加速度的定義，以及加速度的成因兩者的關係。（5.1）

2. 作用在物體的淨力有何含義？（5.1）

3. 假設有一部手推車受到淨力作用而運動。當這個淨力加倍時，手推車的加速度會如何改變？（5.1）

4. 假設有一部手推車受到淨力作用而運動。若把一重物置入推車內，使推車的質量加倍的話，小車子的加速度會如何改變？（5.2）

5. 試區別正比跟反比的觀念，並請舉例說明。（5.1–5.2）

6. 請用文字說明牛頓第二運動定律，然後再以方程式解釋。（5.3）

7. 一個 20,000 公斤的火箭，需要多大的力，才能產生 1 公尺／秒^2 的加速度？（5.3）

8. 摩擦力的成因為何？對一個滑動的物體而言，它作用的方向為何？（5.4）

9. 如果作用在滑動箱子上的摩擦力是 100 牛頓，那麼需要多大的力，才能讓箱子維持等速運動？此時作用在箱子上的淨力是多少？加速度多大？（5.4）

10. 試區別力與壓力的不同。（5.5）

11. 對同一個人來說，站立或躺下對地板的壓力何者較大？（5.5）

12. 作用在 2 公斤石頭上的重力，是 1 公斤石頭的兩倍，而為何 2 公斤石頭下落時的加速度不是 1 公斤石頭的兩倍？（5.6）

13. 為何在真空玻璃管內下落的銅幣與羽毛，有相同的加速度？（5.7）

14. 在有空氣存在的情況下，為何銅幣與羽毛下落的加速度不同？（5.7）

15. 一袋重 100 牛頓的釘子，以終端速率下落時，受到的空氣阻力有多少？（5.7）

16. 當落體達到終端速率時，試比較它所受到的空氣阻力及其重量？（5.7）

17. 假設所有的裝備與條件都相同，為何體重較重的跳傘選手，比體

重輕者有較大的終端速率？有什麼方法可以讓兩者的終端速率相同？（5.7）

18. 重量25牛頓的自由落體，在下落時受到的淨力有多大？當此落體遇上15牛頓的空氣阻力時，淨力又是多少？當它下落的速率快到碰上25牛頓的空氣阻力時，淨力又是多少？（5.6-5.7）

課後實驗

1. 拿兩顆不同重量的球，讓它們從同一個高度下落，在速度不大時，它們幾乎會同步。如果讓它們從斜面上滾下來，它們是否也會同步？若把這兩個球用相同長度的線吊起來，做成單擺，然後拉到相同的角度放下，那麼它們是否會同步來回振盪？試一試，看看結果如何。

想清楚，說明白

1. 我們說「兩數量成正比」與「兩數量相等」之間有何差別？

2. 如果一個物體沒有加速度，你能下結論說沒有任何力作用在它身上嗎？解釋看看。

3. 垂直上拋的石頭在到達軌跡頂點時，其加速度為何？你可以用方程式 a = F/m 來引導你的思路，看看答案是否為零。

4. 火箭從發射臺升空後，不只速度增加，在持續噴射的當兒，加速度也明顯增加，為什麼會這樣？（提示：剛發射的火箭，有90%的質量是燃料。）

5. 在橄欖球比賽的「鬥牛」時，為什麼防守的前鋒經常試圖把身子

壓低到對方之下，並且往上推？這對敵方前鋒的腳和地面間的摩擦力有什麼影響？

6. 為何尖銳的小刀比鈍的小刀容易切斷東西？

7. 飛機在起飛過程，因引擎的恆定推力，使得速率漸增。在起飛過程中，什麼時候飛機的加速度最大？是沿著跑道開始加速的時候，還是飛機拉起機頭的離地瞬間？想想看，並解釋。

8. 跳傘選手在空中下落的速率會愈來愈快（達到終端速率以前），則作用在她身上的淨力是增加、減少、或維持不變？又加速度是增加、減少、或維持不變？請說明你的答案。

9. 假設一女跳傘選手在起跳10秒後達到終端速率。請問她在下落的第一秒內，或第九秒內，何者獲得的速率較多？與開始下落的第一秒比較，她在第九秒內下落的距離是較長或較短？

10. 一個普通的網球與一個填滿重沙的網球，兩者同時由高樓頂端下落。你的朋友說，儘管空氣阻力存在，兩球也會同時到達地面，因為它們的大小相同，而且「開路」所通過的空氣量也一樣多。對這個說法，你有什麼意見？

沙盤推演

1. 一架2,000公斤的單引擎飛機，其引擎推力是500牛頓，計算它在離地瞬間的加速度。

2. 一架300,000公斤的波音747客機，有四具引擎，每具的推力是30,000牛頓，計算它在離地瞬間的加速度。

3. (a)在一張水平、無摩擦力的桌面上，以20牛頓的力水平推動一個2公斤的木塊，試計算木塊的加速度。

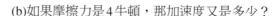

(b)如果摩擦力是4牛頓，那加速度又是多少？

4. 一個1公斤的橡皮圓盤，放在無摩擦的桌面上，試計算需要多大的水平推力，才能讓圓盤產生1 g的加速度。

5. 一個1.2公斤的橡皮圓盤，放在無摩擦的桌面上，試計算需要多大的水平推力，才能讓圓盤產生1.8 g的加速度。

實戰演練

1. 要等速把一木箱推過工廠地板，需要100牛頓的水平推力，此時作用在木箱的淨力有多大？而作用在木箱上的摩擦力有多大？

2. 一架四引擎的噴射機以2公尺／秒²的加速度沿著跑道前進。如果有一具引擎忽然壞掉，則由其他三具引擎所產生的加速度會有多大？

3. 對一位跳傘選手來說，當空氣阻力是他體重的一半時，他的加速度是多少？

4. 一部裝載貨物的卡車，可以加速到1公尺／秒²。如果把貨物卸下，使質量變成原來的四分之三，再以相同的力來驅動時，卡車能達到多大的加速度？

5. 如右頁的圖所示，一個放在水平無摩擦軌道上、質量10公斤的物體，其一端透過滑輪垂直懸吊另一個同為質量10公斤的物體，則懸吊物受有多少牛頓的重力？由這兩個物體所組成的系統，其加速度又為何？

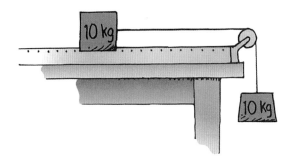

6. 如果把上題的物體質量，依出現次序分別改成 1 公斤與 100 公
   斤，試比較一下把它們的位置互換後，也就是讓 1 公斤物體懸吊
   在滑輪下方時的兩組加速度？然後再換成 100 公斤物體懸吊在滑
   輪下方時的兩組加速度？請試著思考一下，由兩個物體所組成的
   這類系統，最大的加速度可能是多少？

第 6 章

牛頓第三運動定律

—— 作用力與反作用力

如果你讓身體太過於傾斜，可是會跌倒的。
但如果你在傾斜身體時，把手臂伸出去碰觸
牆壁，你便可以維持不墜。當你推著牆壁
時，牆壁也會反推回來，這就是爲什麼你能被支撐的原因。問問你
的朋友，爲什麼你不會倒下？會有多少人回答你「因爲牆壁推你，
才讓你可以維持在原位不動」？會這樣回答的人數可能不太多。除
非是學物理的，否則很少人會了解到，當我們推牆壁的同時，牆壁
也以同樣大小的力反推我們。

「推」跟「拉」這兩個字，常常給人「是有生命的物體在施力」
的觀念，所以嚴格來講，當我們說「牆壁在推你」時，其實是說

「牆壁施了一個力，猶如它正推著你一樣」。每當提及這一類交互作用力時，不論產生這個力的來源是你（生物），或是牆壁（無生物），就作用力本身而言，看不出有任何的差別。

▲圖6.1
你用力推牆壁時，牆壁也反推於你。

6.1　力與交互作用

用最簡單的想法來說，力就是指「推」或「拉」。然而，經過進一步的思考與觀察，牛頓了解到力本身不是一樣物體，而是兩物體交互作用的一部分，例如鐵鎚與釘子間的交互作用。鐵鎚對釘子施力，且把它打入木板中，然而這個力，只是整個故事的一半，在敲擊過程中，必定還有某個力作用到鐵鎚上，使鐵鎚停下來。誰施加了這個力？當然非釘子莫屬！牛頓認為鐵鎚施力在釘子上的同時，釘子也施力在鐵鎚上，所以在鐵鎚與釘子的交互作用中，力是成對出現的，一個作用在釘子上，另一個作用在鐵鎚上。就是這樣的觀察，讓牛頓寫下他的第三運動定律：作用力與反作用力定律。

▲圖6.2
讓釘子釘進木板的交互作用，同樣也使鐵鎚能夠停下來。

6.2　牛頓第三運動定律

牛頓第三定律的內容如下：

在第一個物體施力於第二個物體的同時，第二個物體也對第一個物體施以大小相等、方向相反的力。

其中之一稱為作用力，而另一個稱為反作用力。其實，我們說

▲圖6.3
當她跳向岸邊的時候,船會發生什麼事兒?

▲圖6.4
是狗在搖尾巴,還是尾巴在搖狗?還是都有?

哪一個是作用力,哪一個是反作用力都沒有關係,重要的是,它們都是單一交互作用的一部分,兩者缺一不可,其中一個不存在,另一個也不會存在。它們的大小相等、方向相反。牛頓第三運動定律也經常被定義成「對每個作用力來說,總有另一個大小相等、方向相反的反作用力存在」。

在每一個交互作用中,作用力和反作用力總是一起發生。例如,當你走在地板上,你與地板便有了交互作用,這時你壓地板,地板也反推於你。同樣地,輪胎與路面的交互作用,使車子得以在路面上行駛,這時輪胎壓路面,路面也反推輪胎。當你游泳時,你和水也產生了交互作用,你向後撥水,水則向前推你。每一個交互作用,都有成對的兩個力在作用。請注意,在我們討論的這些例子裡,都是與摩擦力有關的交互作用。比如說,有一個人想在冰上走路,但由於摩擦力太小,這個人無法向下在冰面上施力,而沒有了作用力,便不可能有反作用力,也就沒有進一步的運動了。

6.3 辨別作用力與反作用力

在交互作用中要區別出作用力與反作用力有時並不容易。例如在石頭下落的過程中,什麼是作用力與反作用力?你可能會說作用

② Question

1. 一管炸藥蘊藏著力嗎?
2. 一部車子沿著道路加速,嚴格來說,是什麼作用力在讓車子運動?

在石頭的地心引力是作用力，但是，你能指出反作用力嗎？是石頭的重量？不是，重量僅僅是重力的另一種稱呼。那麼，是不是石頭著地時，由地面所引起的呢？也不是，在石頭著地之前，地面對它沒有任何作用力。

在討論作用力與反作用力的時候，有一個簡單的訣竅。首先，確認交互作用本身為何，譬如我們說某物體 A 與另一物體 B 有交互作用，然後我們就可以把作用力跟反作用力用下面的形式來陳述：

作用力：物體 A 施力在物體 B 上。

反作用力：物體 B 施力在物體 A 上。

很容易記住吧，只要能認出參與交互作用的物體 A 和 B，且如果作用力是指「A 作用在 B 上」，那麼很簡單地，反作用力就是「B 作用在 A 上」了。因此，在石頭下落的例子中，若我們說地球作用

Answer

1. 不。力與質量不同，它不是物體所具有的某種東西，力是兩物體間的交互作用。一個物體可以具有施力在另一個物體的能力，但它本身無法把力當成一種東西來擁有。往後我們將會介紹到能量，它就是一管炸藥所蘊藏的東西。

2. 汽車能向前運動，是靠路面向前在推動它。這是真的！撇開空氣阻力不談，只有路面對車子提供水平推力。它是怎麼辦到的？轉動中的輪胎向後推路面（作用力），在此同時，路面則向前推輪胎（反作用力）。下次當你看到車子在路上跑的時候，告訴你的朋友，是路面在向前推動車子。如果一開始他們不相信你，試著說服他們，物理世界所蘊含的道理，遠比不經意的觀察者雙眼所見的還要多得多。讓他們來學點物理吧！

在石頭上的力是作用力,那麼反作用力便是指石頭作用在地球上的力了。是的,在地球和月球的交互作用中,彼此同時相互吸引;當地球吸引月球的同時,月球也吸引地球,形成一對作用力與反作用力,它們的大小相等而方向相反。

❓ Question

我們知道地球吸引月球,那麼月球是否也吸引地球呢?如果是的話,哪一個吸引力比較強?

作用力:輪胎壓路面　　　反作用力:路面推輪胎

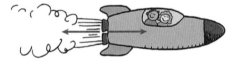

作用力:火箭推氣體　　　反作用力:氣體推火箭

圖6.5▶
物體 A 和 B 之間成對的力。注意,當作用力是指 A 作用在 B 上時,反作用力便是指 B 作用在 A 上了。

作用力:地球吸引石頭

反作用力:石頭吸引地球

🅰 Answer

是的,在地球和月球的交互作用中,彼此同時相互吸引;當地球吸引月球的同時,月球也吸引地球,形成一對作用力與反作用力,它們的大小相等而方向相反。

生物學中的物理

生物行為中的作用力與反作用力

　　爲什麼候鳥（例如雁鵝）在遷移時，總是以 V 字形隊伍飛行呢？答案很簡單，就是物理！候鳥拍動翅膀會使空氣偏流向下，使自己因這股空氣反推向上。故事還沒完。向下流動的空氣碰到它下方的空氣時，會形成一股向上的渦流，便產生一股向上的推力，而這股推力，在候鳥的兩側最強，所以尾隨在後的候鳥，便會調整牠的飛行位置，來獲取這股額外的上升力，以節省自己的能量。一隻接一隻的候鳥，爲牠們後方的夥伴製造一股股向上的氣流，結果就成了一群呈 V 字形飛行的候鳥。

6.4　不同質量物體的作用力與反作用力

　　非常有趣地，在石頭與地球的交互作用中，石頭吸引地球向上的力，和地球吸引石頭向下的力相等，兩個力大小相等、方向相反。我們會說「石頭向地球下落」，請問我們也可以說「地球向石頭下落」嗎？答案是肯定的！只是地球下落的距離太小了。儘管作用在石頭與地球的兩個力，彼此大小相等，但物體的質量實在相差太大了。回想一下牛頓第二運動定律，加速度不只跟淨力成正比，也跟質量成反比。因爲地球有非常大的質量，所以我們對這種極微小的加速度沒有感覺。雖然說地球的加速度小到可以忽略，但嚴格說來，地球確實會朝著下落的石頭向上移動。所以每當你踏一步，這條街實際上也向上朝你貼近一丁點兒。

▲圖6.6
石頭吸引地球向上的力，和地球吸引石頭向下的力相等。

有一個類似、但比較沒那麼誇張的例子，是發生在來福槍射擊的過程。當來福槍射擊時，來福槍跟子彈之間發生了交互作用，來福槍作用在子彈的力與子彈作用在來福槍的力，兩者大小相等、方向相反，所以來福槍會有「後座力」。在剛開始思考的時候，你可能會預期來福槍的後座力比實際發生的還大，或者你會懷疑，子彈的速率為何會比來福槍快那麼多。根據牛頓第二運動定律，我們還必須考慮到質量的問題。

圖6.7▶
把來福槍向後推的反衝力，與推動子彈沿槍管前進的力相等。那麼，為何子彈會比來福槍獲得更大的加速度？

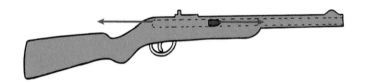

令 F 同時代表著作用力與反作用力，m 代表來福槍的質量，而較小的 m 代表子彈的質量。符號尺寸的大小，主要是要區分相對的質量，以及所產生的加速度。子彈和來福槍的加速度可以寫成：

$$子彈：\frac{F}{m} = a \qquad 來福槍：\frac{F}{m} = a$$

你看出來為什麼子彈的速度變化會遠大於來福槍的速度變化了吧？一個已知的力作用在小質量的物體所產生的加速度，會比用同樣的力作用在大質量物體產生的加速度要來得大。

如果把來福槍射擊子彈產生的後座力這個基本觀念稍加延伸，我們也就能了解火箭的推進了。現在先想像一挺機關槍，在每顆子彈發射時的反衝。如圖6.8所示，如果把機關槍固定在一條垂直纜線上，讓它可以自由上下移動。每當有子彈向下發射，機槍便會獲得

▲圖6.8
機關槍發射時會反衝而向上跑。

向上的加速度。火箭的加速原理，其實跟機槍的裝置很像——隨著廢氣由引擎噴出，使火箭連續地反衝。每個從引擎噴出的氣體分子的作用，就像是一個個很小的分子子彈。

　　有一個常見的錯誤觀念，就是認為火箭的推進，是因為廢氣衝擊大氣的結果；事實上，在火箭尚未出現以前，人們認為要把火箭送上月球是不可能的，因為在太空中缺少可以讓火箭推進的大氣。這種說法，就和「除非有空氣可以讓子彈推進，否則來福槍就不會反衝」的想法一樣。但這並不是事實！火箭和反衝的槍都會加速，因為「子彈」在發射時，產生了反作用力，這和空氣是否存在無關。事實上，火箭在大氣圈之上發射反而更有效率，因為那兒沒有空氣阻力。

　　由牛頓第三運動定律，我們可以了解直昇機如何獲得上升的力。螺旋槳被做成能把空氣向下推（作用力）的形狀，而這股空氣又把螺旋槳向上推（反作用力），這個向上的反作用力就叫做升力。當升力等於機身重量時，直昇機便在空中盤旋；當升力大於機身重量時，直昇機便向上爬升。

　　鳥類和飛機的飛行原理，也是由作用力和反作用力而來。鳥在空中翱翔時，翅膀的形狀能把空氣向下偏流，接著空氣便把鳥向上推。稍微傾斜的飛機機翼，能把迎面而來的空氣向下推，使飛機獲得向上的升力。飛機必須持續把空氣向下推，才能獲得升力，保持在空中航行。如何能有源源不絕的空氣，提供飛機所需的升力，則是來自飛機持續不斷地向前飛行，而飛機能夠持續向前飛行的動力，則是來自噴射引擎或螺旋槳不斷向後推動空氣的結果。當引擎向後推動空氣時，空氣便接著向前推動引擎和飛機。在往後的章節裡，我們將會學到飛機機翼的曲面設計，是如何增強升力的。

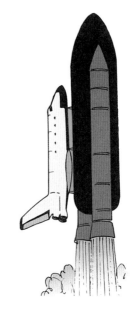

▲圖6.9
火箭在噴射出「分子子彈」時得到反衝，並且往上爬升。

? Question

在外太空的真空狀態下，你如何區別出下落物體的作用力
與反作用力？

6.5　作用力和反作用力會互相抵消嗎？

　　既然作用力與反作用力大小相等、方向相反，為什麼它們不會
相互抵消呢？要回答這個有趣的問題，首先要考慮到系統包含有哪
些東西。看看圖6.10中蘋果和橘子之間成對的作用力，假設我們先
忽略蘋果和其他東西，把注意力放在橘子身上。我們在橘子周圍畫
一個假想圓，把它稱為系統。蘋果的拉力對此系統提供了一個外
力，使系統產生加速度。在這個情形下，交互作用發生在系統內
（橘子）與系統外（蘋果）之間，所以作用力和反作用力不會相互抵
消。實際上，橘子也同時施一個力在蘋果上（在此系統外），但這個
力會影響蘋果而非橘子。

　　然而，如果我們把橘子和蘋果看做同一個系統的話，上述的一

圖6.10 ▶
蘋果拉橘子，而橘子加速，就這
樣！橘子反拉蘋果，但這力只影
響蘋果而非橘子。

Ⓐ Answer

不論任何情況，要辨識成對的作用力與反作用力，要先找出交
互作用的兩方。在這個問題裡，交互作用是下落物體和另一物
體之間的重力吸引，另一物體可能是遙遠的一顆行星，所以行
星吸引物體向下運動（作用力），同時物體也吸引行星向上運動
（反作用力）。

▲ 圖 6.11
A 作用在 B，而 B 加速。

對作用力對這個系統而言，便成了內力，在這個情形下，這兩個力
便可以互相抵消。同樣地，在一個棒球裡，各個分子之間存在有許
許多多對作用力，這些作用力也許把每個棒球裡的分子抓得緊緊
的，讓棒球保持為一個有內聚力的固體，但是它們卻無法讓棒球獲
得任何加速度；只有在棒球以外的力，才能讓棒球產生加速度。

　　同樣的道理，需有來自橘子和蘋果這個系統以外的力，才能讓
整個系統產生加速度（像是蘋果「腳下」與地板間的摩擦力）。如果
作用力與反作用力同在系統內部，它們便可相互抵消，不會使系統
產生任何加速度；然而如果作用力或反作用力的其中之一是位於系
統外的話，它們就無法相互抵消。如果這樣的解釋讓你覺得混淆的
話，你或許會注意到，牛頓自己在研究第三運動定律時，也可能遇
到一些困難。

▲ 圖 6.12
A 與 C 同時作用在 B，它們可以
相互抵消，所以 B 不會加速。

　　如圖 6.12 所示，如果有兩個人同時用大小相等、方向相反的力
去踢同一個球，則需要考慮到兩個交互作用。在這個例子裡，有兩
個力作用在球上，所以球的淨力為零，但單腳踢球時單一交互作用
的淨力，則不為零。

Question

假設你朋友得悉牛頓第三運動定律,且告訴你無法利用踢球的動作來讓足球移動,因為踢球的反作用力與你踢球的力,大小相等、方向相反,淨力為零,所以無論你多麼用力踢,球就是不會動!聽他這麼說,你要怎麼解釋呢?

Answer

告訴你的朋友,如果你踢球,球就會加速。這個加速度跟牛頓第三運動定律相牴觸嗎?一點也不!你的踢力會作用在球上,除此之外,並沒有其他的力作用在球上,所以足球受到一個實際的淨力,會產生加速度。那麼,反作用力又該如何解釋呢?啊哈!它根本不是作用在球上,而是作用在你的腳上。當你與球接觸的時候,反作用力會讓你的腳減速。告訴你的朋友,作用在球的力,與作用在腳的力,兩者是不能相互抵消的。

6.6　馬—車問題

有一種與踢足球情況相似的問題,就是右頁連環漫畫「馬的感覺」(horse sense,這裡是雙關語,美國俗語意為「粗淺常用的知識」)所要討論的。我們相信漫畫裡的馬拉二輪車的力,會被輪車作用在牠身上的反作用力給抵消,因為這兩個力大小相等、方向相反,所以不可能產生任何加速度。這是一個難倒許多大學生的經典問題,但只要你仔細用心地思考,你能理解這個問題的。

馬—車問題可以由三個不同的觀點來考慮。首先以農夫的觀點來看,他關心能否把二輪車(車系統)送到市場;其次是馬的觀點

▲圖6.13

所有作用在馬與車的力都標示在圖中：（1）馬跟車之間彼此的拉力 P；（2）馬跟地面間互推的力 F；（3）車輪跟地面間的摩擦力 f。請留意，作用在馬與車的力，各有兩個。你能看出來馬－車系統的加速度，是受到淨力 F－f 作用的結果嗎？

（馬系統）；最後則是將馬與二輪車視為一體（馬－車系統）。

　　從農夫的觀點來看，他唯一關心的就是車系統所受的力而已。把作用在車上的淨力，除以車的質量，便得到實際的加速度。農夫根本不關心馬所受到的反作用力。

　　現在來看看馬系統。的確有個反方向的反作用力來自二輪車，阻礙馬前進，如果沒有這個力，馬便可以毫無拘束地奔馳到市場。這個力有把馬往後拉的傾向，但馬是如何才能往前跑呢？原來馬是藉由與地面的交互作用往前跑的。當馬腳向後推地面時，地面同時也把馬向前推，如果馬推地面的力大於車拉馬的力，那麼馬便會受到一個向前的淨力作用，加速度於是產生。當二輪車開始加速時，馬向後推地面的力，只要大到能抵消車輪與地面的摩擦力即可。

　　最後，把馬－車系統看成是一個整體，從這個觀點來看，馬拉車的力跟車作用在馬的反作用力是內力，或者說這是系統內的作用力與反作用力。因為它們會相互抵消而可忽略，所以它們對馬－車系統的加速度沒有任何貢獻。要在地面上移動，馬－車系統必須跟地面間有交互作用。比方說你的車子拋錨了，而你只是坐在車子裡用力推儀表板，這是無法讓車子移動的，你必須在車子外，跟地面有交互作用才行，因此你要走出車外，讓地面去推車。馬－車系統也是一樣，藉由地面（外界）的反作用力來推這個系統。

❓ Question

1. 圖6.13中，作用於二輪車的淨力是多少？作用於馬的淨力是多少？作用在地面的淨力呢？

2. 一旦馬把車拉到農夫希望的速度時，馬還需要繼續對車施力嗎？

Ⓐ Answer

1. 作用在車的淨力是 P − f；馬的淨力是 F − P；地面的淨力是 F − f。

2. 需要，但只要大到能夠抵消車輪摩擦力與空氣阻力即可。

▲圖6.14
如果你擊牆壁，牆壁也以同樣的力撞你。

6.7 作用力等於反作用力

本章一開始時，討論到當你推牆壁時，牆壁怎麼把你推回來的情形。假設爲了某個理由，你重重擊了牆壁一拳，砰的一聲，你的手受傷了！當你的朋友看到你受傷的手，問你發生了什麼事，你該怎麼回答他們呢？你可以回答說是牆壁撞傷了你的手。可是，牆壁用了多大的力撞你呢？答案是你用多大的力擊它，它就用多大的力把你撞回來。你絕對不可能用比牆壁撞你還大的力去擊牆壁。

拿張紙，讓它垂在空中，然後告訴你的朋友，即使是重量級的世界冠軍拳王，也沒辦法用 200 牛頓（45 英磅）的力給這張紙一拳。你的這番話絕對是正確的，因爲 200 牛頓的交互作用不可能在拳王的拳頭與這張半空中的紙之間發生。紙張不可能施一個 200 牛頓的反作用力，而你也不可能在沒有反作用力的情況下施力。現在，如果你改把紙貼牆拿著，此時的情況就完全不一樣了。有了牆壁的助益，紙張要想提供 200 牛頓的反作用力，可就容易多了；必要的話，比 200 牛頓還大也沒問題！

所有物體間的交互作用，總是有一對大小相等、方向相反的力存在。例如，如果你用力推萬物，萬物也一樣用力推你；你輕柔觸碰萬物，萬物也輕柔觸碰你；你如何待他人，他人也如何待你。

▲圖6.15
你無法在不被觸摸的情況下觸摸別人——牛頓第三運動定律。

 觀念一把抓

觀念摘要

兩物體間的交互作用會產生一對力。
◆ 交互作用的雙方均對彼方施力。
◆ 這兩個交互作用的力，稱爲作用力與反作用力。
◆ 作用力與反作用力大小相等、方向相反。

重要名詞解釋

交互作用 interaction 物體之間彼此作用，每一物體都以大小相等、方向相反的力作用於另一物體。（6.1）

作用力 action force 牛頓第三運動定律所述一對力中的一個。（6.2）

反作用力 reaction force 與作用力相等、方向相反的力，反作用力必定與作用力同時發生。（6.2）

牛頓第三運動定律 Newton's third law 當一物體向第二物體施力時，第二物體也同時向第一物體施予大小相等、方向相反的力。（6.2）

借題複習

1. 在鐵鎚敲釘子的交互作用中，是否有力作用在釘子上？是否有力作用在鐵鎚上？在此交互作用中共有幾個力發生？（6.1）

2. 當鐵鎚施力在釘子上時，此力與釘子作用鐵鎚的力相比如何？（6.1）

3. 當你在地板上走動時，是什麼一直在推你？（6.2）

4. 游泳的時候，你向後撥水的力，我們稱為作用力，那麼此時的反作用力是什麼？（6.2）

5. 箭在弦上，如果把弦作用在箭的力稱為作用力，請指出反作用力為何。（6.3）

6. 當你往上跳的時候，地球實際上是向下反衝的，但為何我們察覺不到地球的運動？（6.4）

7. 來福槍在射擊時，槍作用於子彈的力與子彈作用於槍的力，兩者的大小比較起來如何？槍與子彈的加速度相比呢？請說明你的看法。（6.4）

8. 為何火箭能在大氣圈之上、沒有空氣「反推」的情況下推進？（6.4）

　問題 9～11 與圖 6.10 中的蘋果—橘子系統有關，你只需要考慮水平的力即可。

9. 在蘋果跟橘子的交互作用中，有多少力作用在蘋果上？在橘子上呢？這些力的大小相等嗎？這些力的方向相反嗎？（6.5）

10. 若只考量橘子系統，此系統中的作用力與反作用力彼此抵消嗎？

橘子系統有加速度嗎？（6.5）

11. 考量橘子—蘋果系統，此系統中的作用力與反作用力彼此抵消嗎？橘子跟蘋果相互加速遠離嗎？或是永遠在一起？（6.5）

問題 12～15 與圖 6.13 中的馬—車系統有關，你只需要考慮水平的力即可。

12. (a)就水平方向而言，有哪些力作用在二輪車上？
    (b)二輪車所受的水平淨力為何？（6.6）

13. (a)有多少種水平方向的力作用在馬上？
    (b)馬所受的水平淨力為何？
    (c)馬作用在其他物體上水平方向的力有多少種？（6.6）

14. (a)有多少種水平方向的力作用在馬—車系統上？
    (b)馬—車系統所受的水平淨力為何？（6.6）

15. 為何馬必須花費比拉車還大的力去推地面，才能使速率增加？（6.6）

16. 如果你用 200 牛頓的力撞擊牆壁，你會受到多大的力？（6.7）

17. 為何你無法對半空中的羽毛施以 200 牛頓的力？（6.7）

18. 一句格言「要怎麼收穫先怎麼栽」，跟牛頓第三運動定律有什麼關係？（6.7）

想清楚，說明白

1. 你的重量是地球重力作用於你的結果，試問與此對應的反作用力為何？

2. 如果你正在水面上的浮木行走，浮木會向後移動，爲什麼？

3. 爲何鋪著地毯的地板，比光滑的磨石子地好走？

4. 如果你由岩岸邊跳下，由於你跟地球間的重力交互作用，你會明顯地向下加速，那地球也會朝著你加速運動嗎？請解釋。

5. 假設你站在洗手台旁秤自己的體重。試著用作用力與反作用力的觀念，解釋爲何當你把手向下壓洗手台時，體重計的指針讀數會變小，又爲何當你把手向上頂洗手台時，讀數會變大。

6. 當跳高選手跳離地面時，使她向上加速的力源自何處？當她的腳不再與地面接觸後，作用在她身上的力爲何？

7. 如果地球作用在軌道通訊衛星的力是1000牛頓，則反作用力是多少？

8. 如果作用力等於反作用力，爲何地球不會繞著通訊衛星轉動？

9. 如果腳踏車與笨重的卡車正面相撞，哪部車所受到的衝擊力較

大？哪部車的運動狀態改變較明顯？請說明你的看法。

10. 一輛行駛中的巴士撞上飛向擋風玻璃的小蟲，由於這突然的力使不幸的小蟲突然減速，請問小蟲作用在擋風玻璃的力相對應是較大、較小或相同？而巴士減速的程度比起小蟲來是較大、較小或相同？

11. 過去很多人認為火箭的登月之旅不可行，以為在地球的大氣圈之上沒有空氣可以反推火箭。現在我們知道這是錯誤的觀念，那麼火箭在真空中行進時，是什麼力在推它？

12. 開槍時，子彈與槍所受的力大小相等、方向相反，這是否暗示著淨力為零，所以子彈要加速是一件不可能的事？請解釋看看。

13. 假如你以200牛頓的力，把冰箱等速推過廚房地板，則在冰箱與地板之間的摩擦力有何作用？摩擦力是否跟你的200牛頓施力大小相等而方向相反？這個摩擦力是你推力的反作用力嗎？

14. 彈簧秤兩端各繫住一個50牛頓重的物體，如下圖，則指針的讀數是多少？0牛頓？50牛頓？或100牛頓？（提示：如果一端改成用手握住，則指針的讀數會改變嗎？）

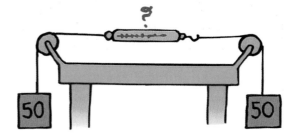

15. 有一位強壯的男士，能經得起兩匹馬反方向的拉扯。如果現在把左邊的繩子繫在樹上，改成只有一匹馬在拉他，請問這位勇士所受的張力是變大或變小？如果左邊的繩子繫在樹上，而右邊改由兩匹馬拉他，那這位勇士所受的張力又是如何？

第 7 章

動　量

你是否想過為何空手道高手能赤手空拳地劈碎一疊水泥磚？又為何在水泥地上摔跤，比在木板地上跌倒還要痛？還有，為什麼高爾夫球、棒球、網球以及拳擊等運動時，在擊球（打擊）後手臂的伸展是很重要的？要了解這些現象與道理，你要回憶一下我們在討論牛頓運動定律時，所討論的慣性觀念。之前我們討論的是靜止物體的慣性，以及運動物體的慣性兩者，但在本章中，我們將只著重在運動物體的慣性上，也就是「動量」。

7.1 動量

當大卡車跟小汽車以相同的速率行進時，我們知道若想把大卡車停住，會是比較困難的事，這是由於大卡車具有較多動量的緣故。講到動量，我們的意思是指「運動中的慣性」，或者更具體一點地說，就是物體的質量與速度的乘積。

$$動量 ＝ 質量 \times 速度$$

或者以符號來表示為：

$$動量 ＝ mv$$

如果方向並不特別重要的話，我們也可以寫成：

$$動量 ＝ 質量 \times 速率$$

當然在符號上還是簡寫為 mv。

由上述的定義我們發現，如果物體的質量較大、速率較快、或是質量與速率都較大，那麼物體便具有較大的動量。大卡車跟小汽車如果以相同的速率行駛的話，大卡車因為質量較大，所以動量也較大，但如果小汽車的速度夠大的話，仍有可能比慢速卡車的動量大。當然，一部靜止不動的大卡車，根本就不會有動量。

▲ 圖 7.1
一部卡車從山坡上往下滑時，速率與一隻輪式溜冰鞋相同，但因卡車的質量較大，所以有較大的動量。假若卡車靜止不動，而溜冰鞋有運動的話，溜冰鞋的動量較大，原因只是因為它有速率而已。

❓ Question

想想在什麼情況下，圖 7.1 中的溜冰鞋會與卡車有相同的動量？

Ⓐ Answer

如果輪式溜冰鞋的速率能比卡車快很多的話,它們就有可能具
有相同的動量。但速率要多快呢?卡車的質量比溜冰鞋大多少
倍,溜冰鞋的速率就需要是大卡車速率的多少倍,懂了嗎?舉
例來說,一部1000公斤的卡車,正以0.01公尺/秒的速率,從
車庫倒車出來,而1公斤的溜冰鞋,正以10公尺/秒的速率運
動的話,它們就會有相同的動量:都是10公斤‧公尺/秒。

7.2 衝量改變動量

如果物體的動量有了變化,原因不是質量改變,就是速度改
變,或者是兩者都有改變。如果質量保持不變(大部分的情形),那
麼一定是速度有所改變,也就是說,物體有了加速度。那麼加速度
是如何產生的呢?我們知道答案是力。作用在物體的力愈大,速度
的改變就愈大,也因此動量的改變也愈大。

施力時間的長短也很重要。短暫推一部拋錨的車子,會使車子
的動量產生變化;如果以同樣大小的力,推一段較長的時間,則車
子會有更大的動量變化。在作用力不變的情況下,長時間對物體施
力,會比只是短暫地對物體施力,造成的更大的動量變化。因此,
作用力大小與施力的時間,是改變動量的兩大重要因素。

力×施力總時間的乘積,稱爲衝量,簡寫爲:

$$衝量 = Ft$$

作用在物體的衝量愈大,物體的動量變化也愈大,它們之間的確切

關係為：

$$衝量 ＝ 動量變化$$

或是寫成：

$$Ft ＝ \Delta(mv)$$

這個關係式，是把牛頓第二運動定律重新安排（移項）的結果，目的在凸顯時間因子。如果我們把跟加速度有關的兩個式子 $a ＝ F／m$ 與 $a ＝ \Delta v／\Delta t$ 寫成等式，就會得到 $F／m ＝ \Delta v／\Delta t$，因此可以導出 $F\Delta t ＝ \Delta(mv)$。因為 Δt 就是總時間 t，所以 $Ft ＝ \Delta(mv)$。

　　衝量—動量的關係式，有助我們了解動量變化的種種情況。在下述的熟悉的衝量例子中，請想想動量增減的情況。

例一：增加動量

　　要想增加物體的動量，很直覺的方法就是要盡可能施最大的力，且盡可能延長力的作用時間。高爾夫球選手自球座上開球，以及棒球打擊手要擊出全壘打時，除了奮力一擊之外，也會在揮球後將手臂儘可能伸張，也就是俗稱的「拉」球。

　　在整個作用中，與衝量相關的力，通常會隨時間不斷改變。例如，打高爾夫球時，在球桿與球接觸之前，球桿並沒有對球施力；接著，在球發生變形的瞬間，力會迅速增加；在球開始加速，到球恢復原來形狀為止，力會逐漸減少。所以在本章中，當我們提到衝撞力時，意指衝撞期間的平均力。請小心區分衝撞（impact）與衝量（impulse）的不同，衝撞是指力，單位是牛頓；衝量是指衝撞力×時間，單位是牛頓・秒。

例二：減低動量

假設你坐在一部失控的車上，而且只能選擇撞上水泥牆或乾草堆的情況下，你不會需要物理知識來幫你做決定的，常識足以告訴你，應該選擇乾草堆。然而，學習物理，有助於你了解撞上鬆軟物體與撞上堅硬物體，為何會有完全不同的結果。不論是讓車子去撞水泥牆或是乾草堆，只要車子停了下來，它的動量就會因為受到相同的衝量而減少。相同的衝量，並不意味相同的力，或是相同的作用時間，它只代表力與時間的乘積相同。選擇撞乾草堆，你會延長衝撞的時間，也就是車子的動量降到零所需的時間。較長的衝撞時間，會減低衝撞力，同時也就降低了因衝撞產生的加速度。例如，如果衝撞時間能延長 100 倍，則衝撞力就會降低 100 倍。若我們希望減小衝撞力，就必須延長衝撞時間。

▲圖7.2
如果動量的變化延續一段較長的時間，則衝擊的力道比較小。

我們知道，塞入厚墊填料的副駕駛前座置物櫃，比用堅硬金屬材料的前座安全，若有安全氣囊又增加對生命的一層保障。我們也知道，想安全地赤手去接快速飛來的球，你必須把手向前伸，以便在接到球以後，有足夠的空間可以後退。當你延長了衝撞的時間，也就減少了衝撞力。

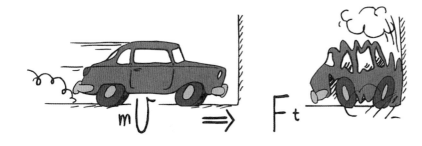

　　當你從高處往下跳，在著地時若保持雙腳挺直的話，會發生什麼事？哎喲！好痛！相反地，你知道在雙腳著地時，要把膝蓋彎曲，這樣比起雙腳挺直、突然著地的情況，會讓整個動量減小的過程，延長 10 到 20 倍的時間，因此作用在你骨骼的力，也會減小 10 到 20 倍。摔角選手在被摔落擂台時，藉由放鬆肌肉，讓衝撞力分成一系列較小的衝撞，從腳、膝蓋、臀部、肋骨到肩膀，依序撞擊蓆墊，來延長衝撞時間。當然，摔落在蓆墊上比摔在硬地板上好，因為蓆墊也會延長衝撞時間。

　　我們知道玻璃盤子掉落在地毯上，會比掉在地磚上，較不易破碎，因為地毯比較有「彈性」。問問別人，為何東西掉落在比較有彈性的表面，比較不容易損壞？相信大部分人的答案，只會使你更感困惑而已，因為他們可能只會回答你「因為比較有彈性嘛！」然而，你的問題是「為何」盤子掉落在有彈性的表面比較不容易破，在這個例子中，一般人的解釋，根本算不上是解釋，你需要更深入的解釋。

　　要讓盤子或盤子的碎片停下來，地毯或地磚必須提供一個衝量，而你已經知道衝量包含兩個變數，一個是衝撞力，另一個是衝撞時間。因為地毯提供的衝撞時間比地磚長，所以具有較小的衝撞

力；地磚提供的衝撞時間較短，衝撞力較大。在馬戲團特技表演中的安全網，就說明了如何能達到安全著地時所需的衝量。安全網提供了充分的衝撞時間，巨幅地降低了特技演員在下落時所受到的衝撞力。

即使你根本沒注意到表面是否有彈性，有時候衝撞時間的差異卻有相當大的影響。例如，木質地板與水泥地板看起來都很堅硬，但木質地板卻能提供較長的衝撞時間，使這兩種表面施加的力產生很大的差異。

❓ Question

1. 當盤子掉下的時候，落在地毯上所受的衝量，會比落在硬地板上小嗎？

2. 如果圖7.4中的拳擊手，可以藉著與拳頭「同進退」而增加五倍的衝撞時間，那麼衝撞力會減少多少？

運動中的物理

高空彈跳

　　令人戰慄的高空彈跳，是驗證衝量─動量關係的好例子。當彈跳者由高處跳下、正要停止時，他要慶幸那條橡膠繩索是能拉伸的，因為橡膠繩索必須提供一個衝量，相等於彈跳者的動量變化，才能讓他停下來，當然，是停在地表以上！

　　想想我們如何在這裡應用 $Ft = \Delta(mv)$ 關係式。mv 是我們想要改變的動量，等於繩索開始拉伸之前所獲得的動量。Ft 是繩索提供的衝量，能使它動量減小到零。因為橡膠繩索會有一段很長的拉伸時間，這段總時間 t，可確保作用在彈跳者身上的平均力 F 不至於過大。在整個下落過程中，彈性繩索的長度，一般會伸長為原長的兩倍左右。

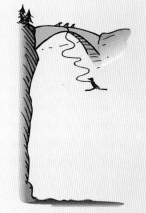

Answer

1. 不會。對這兩種表面來說，衝量都是一樣的，因為它們的動量變化都相同。因為地毯造成的動量變化時間較長，所以衝撞的力會比較小。如果這個問題你答錯了，你可能還沒區分出衝量與衝撞力的不同，他們看起來好像一樣，其實不然！

2. 既然衝撞時間增加五倍，衝撞力便會減低 5 倍。

7.3　反彈

　　如果花盆從架子上掉到你頭上，那你可能有麻煩了。但如果它又從你的頭上反彈出去，那你的麻煩就更大了！為什麼？因為物體

要反彈，得需要更大的衝量。讓物體停止並再反彈回去所需要的衝量，比僅僅讓物體停下來，需要更大的衝量。比方說，假設要你用雙手去接住一個掉下來的花盆，你所提供的衝量，只需要把花盆的動量減低到零。但如果要求你再把花盆往上拋回去，你便需要提供額外的衝量了。因此，比起僅僅只要求你接住花盆，要再把它反拋回去所需的衝量顯然要大得多，它所需的額外衝量，還是得由你的頭來提供，如果花盆是從你的頭反彈回去的話。

在加州淘金熱期間，有個成功致富的故事，就是充分地應用了反彈時衝量更大這個道理。在金礦開採作業中，傳統的水車並不是很有效率。有位名叫帕爾登（Lester A. Pelton, 1829-1908）的人，看到了這個問題，他認為這跟水車所用的平板槳葉有關。他設計了一種彎曲的槳葉，使衝擊槳葉的水可以產生 U 形迴轉。因為水會「反彈」回去，所以作用在水車上的衝量便增加了。之後帕爾登取得了這項專利，而他或許也從這項發明——帕爾登水輪機中，賺到比其他淘金者更多的錢，由此可見，物理的確能使你賺大錢！

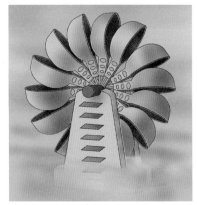

圖 7.5 ▶
帕爾登水輪機。彎曲的槳葉使水反彈回去，並做了 U 形迴轉，因而產生較大的衝量，以利水輪轉動。

衝量

7.4　動量守恆

　　從牛頓第二運動定律中，我們知道，要想加速物體，必須有一個淨力作用在它身上。本章所討論的內容，也是同樣一件事，但卻是用完全不同的語言來描述：如果你想改變物體的動量，就必須施加衝量在物體上。

　　不論是哪一種情況，作用在物體的力或衝量，都需要由外界提供，內力是無法達到這種效果的。例如，籃球內的分子力，並不會對籃球的動量有任何影響，就如你坐在汽車內推儀表板，無法影響車子的動量是一樣的。籃球內部的分子力，跟你推儀表板的力，均屬內力，它們會在物體內部成對地抵消掉。要改變籃球或車子的動量，需要來自外界的推力或拉力。如果外力不存在，動量根本不可能改變。

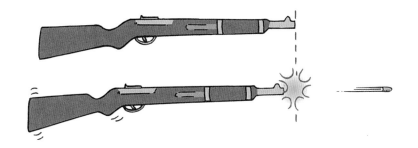

◀圖7.6
射擊前動量為零，射擊後淨動量還是零，因為來福槍跟子彈的動量大小相等、方向相反。

　　我們看看圖7.6中來福槍射擊的情形。回想牛頓第三運動定律——作用力與反作用力，子彈在槍管內所受的力，與造成來福槍反衝的力，是一對大小相等、方向相反的力。它們在來福槍與子彈的聯合系統中屬於內力，所以無法改變槍—子彈系統的動量。射擊

前，此系統靜止，動量為零；射擊後，此系統的淨動量（或總動量）還是零。淨動量並沒有任何增減，且讓我們仔細想想內力與外力的效應。

同速度與力一樣，動量也具有大小和方向，是個向量，因此動量是可以互相抵消的。在前例中，儘管射擊後的子彈獲得了動量，但反衝的來福槍則同時獲得了反方向的動量，所以槍—子彈系統的動量仍為零。來福槍與子彈兩者的動量，則是大小相等、方向相反，因此若把槍與子彈視為一個整個系統，這兩個動量會互相抵消。在射擊前與射擊中，並沒有外力作用在此系統上，而既然沒有淨力加諸其上，系統便不會有衝量，動量也就沒有改變了。你可以發現，若無淨力或淨衝量作用在系統上，系統的動量保持不變。

在任何情況下，除非有外力作用在系統上，否則系統的動量不會改變。若只是系統內部的交互作用，則在作用前後，此系統的動量不變。當動量（或是其他物理量）保持不變的時候，我們稱之為守恆。在沒有外力作用下，動量守恆的觀念是力學中一項很重要的定律，稱為動量守恆定律，它的定義是：

在沒有外力作用下，一個系統的動量保持不變。

如果一個系統受到的力皆是內力，且發生變化，例如原子核的放射衰變、汽車相撞、恆星爆炸等，系統的淨動量在事件發生前後保持不變。

？Question

1. 牛頓第二運動定律告訴我們，如果沒有外力的作用，系統不會有加速度。這是否也意謂著動量保持不變？

2. 牛頓第三運動定律告訴我們，來福槍作用在子彈的力，跟子彈作用在來福槍的力大小相等、方向相反。這是否也意謂著來福槍作用在子彈的衝量，與子彈作用在來福槍的衝量大小相等、方向相反？

> **物理 DIY**

滑板與動量

靜立在滑板上，然後向前或向後丟出重物，你將會注意到你朝反方向反衝。反衝是可以理解的，因為在丟出重物前的動量是零，而丟出重物後的瞬間，淨動量也是零。你反衝的動量與被丟出重體的動量，兩者大小相等、方向相反。在此我們觀察到了動量守恆現象。現在，重複上述的拋物動作，但這次不要讓重物離手拋出，看看你還會不會反衝？請解釋理由。

Ⓐ Answer

1. 是的，沒有加速度，就表示沒有速度或動量（質量×速度）的變化。另一條思路是，沒有淨力，就表示沒有衝量，因此沒有動量變化。

2. 是的，因為在相同的時間內，來福槍作用在子彈上，子彈也反作用在來福槍上，既然時間相同，且兩力大小相等、方向相反，所以兩個衝量Ft也是大小相等、方向相反。衝量是向量，是可以相互抵消的。

7.5　碰撞

　　物體間的碰撞，清楚地說明了動量守恆定律。在沒有外力的作用下，每當物體間發生碰撞，碰撞前後兩物體的淨動量相等。

$$淨動量_{碰撞前} = 淨動量_{碰撞後}$$

彈性碰撞

　　當一顆運動中的撞球迎面撞上一顆靜止的撞球時，第一顆撞球會停下來，而第二顆撞球會以原來第一顆球的速度離開，我們了解動量是由第一顆球轉移到第二顆球上。當物體間的碰撞沒有造成永久變形或產生熱的話，我們稱這類碰撞為彈性碰撞。如圖7.7所示，在完全彈性碰撞中，碰撞的物體完全反彈回去。注意，在每次碰撞前後，動量的向量和不變。

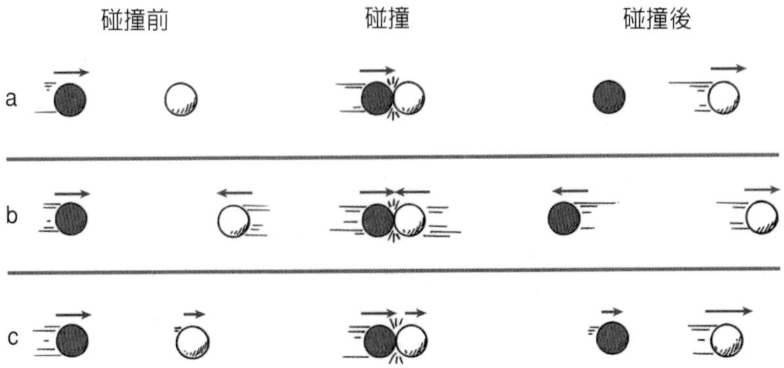

圖7.7 ▶
彈性碰撞。(a) 一顆運動中的球撞上另一顆靜止的球。(b) 兩顆運動中的球正面碰撞。(c) 兩顆往同方向運動的球碰撞。在所有情況中，動量只有轉移或重新分配，而無任何增減。

非彈性碰撞

在碰撞過程中，即使物體扭曲變形，或是有熱產生，動量守恆仍然成立。當物體碰撞後，有糾結甚至是黏在一起的狀況，表示它們發生了非彈性碰撞。如圖7.8中這兩部貨運列車車廂的相撞，就是一個非彈性碰撞的例子。假設貨運車廂的質量都是 m，其中一節車廂以4公尺／秒的速度向另一節靜止的車廂移動，你能預測碰撞後，兩者一起運動的速度嗎？由動量守恆定律，

$$淨動量_{碰撞前} = 淨動量_{碰撞後}$$

或是寫成方程式的形式，

$$(淨\,mv)_{前} = (淨\,mv)_{後}$$

$$(m)(4\ m/s) + (m)(0\ m/s) = (2m)(v_{後})$$

因為在碰撞後，兩節車廂連接在一起，物體的總質量變為兩倍，你是否能看得出來，$v_{後}$ 應該只有4公尺／秒的一半？解出碰撞後物體的速度，我們發現 $v_{後}$ ＝2公尺／秒，方向與碰撞前物體的速度 $v_{前}$ 相同。碰撞前的初始動量，在碰撞後，被兩節車廂均分，而無

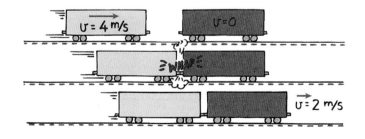

◀圖7.8
非彈性碰撞。左邊貨運車廂的動量被右邊的貨運車廂均分掉了。

任何增減,動量是守恆的。

　　大部分的碰撞,都伴隨有外力。以撞球為例,它無法光靠原先
給予它的動量,就可以不斷地運動下去,因為運動的球與桌面以及
空氣之間,都有摩擦力存在。這些外力在碰撞的過程中,通常是可
以忽略不計的,因此淨動量在碰撞期間不會改變。

　　兩部卡車的淨動量,在碰撞前與相撞後的瞬間是一樣的。在碰
撞之後,兩部扭曲變形的殘骸結合在一起,在馬路上滑行,摩擦力
提供的衝量,會使其動量慢慢減少。同樣的道理,兩艘太空船在軌
道上泊接時,於接觸前後的瞬間,淨動量不變。由於外太空沒有空
氣阻力,所以泊接後的太空船,其聯合動量只受重力的影響。

　　完全彈性碰撞在日常生活中並不常見。我們發現實際的碰撞過
程中,常伴隨有熱的產生。丟一顆球,讓它從地板反彈回來,球與
地板的溫度都有一點點兒升高。就算我們丟的是一顆彈性絕好的跳
跳球,它也不可能反彈回原來的高度。然而,在微觀層次下,完全

彈性碰撞則是件稀鬆平常的事。例如，帶電粒子間碰撞後的反彈，並不會產生熱；事實上，從古典的世界觀來看，它們甚至連碰都沒碰一下。在《觀念物理》這套書後面的章節，我們會說明在原子的尺度下，所謂「接觸」的觀念，需要從不同的角度來思考。

❓ Question

參考圖7.9中的滑車與氣墊軌道，回答下列問題。

1. 假設兩部滑車質量相同，彼此以相同的速率相互靠近，並發生彈性碰撞。試描述碰撞後的情形。

2. 假設兩部滑車質量相同，且碰撞後黏在一起。若彼此以相同的速率相互靠近，試描述碰撞後的情形。

3. 假設一部滑車靜止不動，且裝載重物，其質量為另一運動中滑車的三倍。假設它們碰撞後黏在一起，試描述碰撞後的情形。

🅐 Answer

1. 因為是彈性碰撞，所以碰撞後它們彼此遠離，而遠離的速度與原來的速度大小相等、方向相反。

2. 碰撞前，因為兩部滑車的質量相同、速率相同，只是運動的方向相反，所以它們具有大小相等、方向相反的動量，因此這兩部滑車組成的系統，其淨動量為零。因為動量守恆，所以它們黏在一起之後，淨動量仍為零。所以，當它們砰然撞在一塊兒以後，就停止不動了。

3. 碰撞前，淨動量等於運動中滑車的動量；碰撞後，淨動量不變，但因為它們黏在一起，質量變成原本的四倍。所以，碰撞後黏在一起的兩滑車速度，是碰撞前未負載滑車速度的1/4。因為動量守恆，所以碰撞後速度的方向也一樣守恆。

解題要領

設想一條6公斤的大魚，游向一條2公斤靜止不動的小魚，並把牠吃掉。如果大魚以1公尺／秒的速度游動，則吃掉小魚後的瞬間，速度會是多少？由於吃掉小魚前的瞬間，與吃掉小魚後的瞬間，動量守恆（因為時間極短暫，水的阻力來不及對動量有所影響），所以我們可以寫成：

$$淨動量_{吃掉前} = 淨動量_{吃掉後}$$
$$(淨\,mv)_{前} = (淨\,mv)_{後}$$

$$(6\ kg)(1\ m/s) + (2\ kg)(0\ m/s) = (6\ kg + 2kg)(v_{後})$$

$$6\ kg \cdot m/s = (8\ kg)(v_{後})$$

$$v_{後} = \frac{6kg \cdot m/s}{8kg}$$

$$v_{後} = \frac{3}{4}\ m/s$$

因為小魚在被吃掉前，速度是零，所以它沒有動量。使用簡單的代數，我們可知道在小魚被吃掉後，這兩條魚的系統總質量變為8公斤，速率變成 $\frac{3}{4}$ 公尺／秒，而移動方向，就是大魚原先的游動方向。

換一個狀況，假設小魚不是靜止不動，而是以2公尺／秒的速度游向大魚。現在我們有兩個方向需要考慮，如果把大魚的游動方向定為正，那麼小魚的速度就是－2公尺／秒。小心負號的運算，我們可以把算式寫成：

$$（淨\,mv）_{前} = （淨\,mv）_{後}$$

$$(6\ kg)(1\ m/s) + (2\ kg)(-2\ m/s) = (6\ kg + 2kg)(v_{後})$$

$$(6\ kg \cdot m/s) + (-4\ kg \cdot m/s) = (8\ kg)(v_{後})$$

$$\frac{2kg \cdot m/s}{8kg} = v_{後}$$

$$v_{後} = \frac{1}{4}\ m/s$$

小魚的負動量，很有效地減緩了大魚游動的速度。如果小魚的游速是－3公尺／秒，那麼這兩條魚就有大小相等、方向相反的初始動量。在大魚飽餐一頓之前與之後，兩條魚的淨動量均為零，所以牠們最後會靜止不動。

更有趣的是，假設小魚的游速是－4公尺／秒，

$$（淨\,mv）_{前} = （淨\,mv）_{後}$$

$$(6\ kg)(1\ m/s) + (2\ kg)(-4\ m/s) = (6\ kg + 2kg)(v_{後})$$

$$(6\ kg \cdot m/s) + (-8kg \cdot m/s) = (8\ kg)(v_{後})$$

$$\frac{-2kg \cdot m/s}{8kg} = v_{後}$$

$$v_{後} = -\frac{1}{4}\ m/s$$

負號代表小魚被吃掉後，兩條魚系統的游動方向，和原先大魚的游動方向相反。

7.6　動量向量

　　即使碰撞的物體，不在同一條直線上運動，動量守恆仍然成立。要分析在任何方向上的動量，我們需要用到先前學過的向量技巧。我們將從下面的三個範例，來簡單思考涉及到不同角度時的動量守恆。

　　如圖7.10所示，A車的動量指向正東，B車的動量指向正北。如果它們的動量大小相等，則碰撞後它們的合動量將指向東北方，而大小是碰撞前每部車動量大小的$\sqrt{2}$倍（正如對角線的長度是邊長的$\sqrt{2}$倍一樣）。

圖7.10 ▶
動量是向量。碰撞後車子殘骸的動量，等於碰撞前 A 車與 B 車動量的向量和。

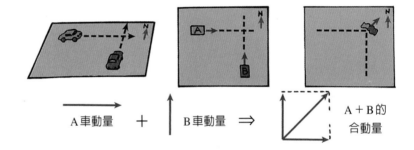

A 車動量　＋　B車動量　⇒　A＋B的合動量

　　圖7.11是一顆下落中的爆竹炸成兩半的情形。運用向量加法，把這兩半爆竹的動量相加，可得到原來下落爆竹的動量。

　　次原子粒子的質量，可以應用動量守恆定律與能量守恆定律計算出來（在下一章我們會介紹能量守恆定律）。對原子與次原子領域的實驗物理學家來說，守恆定律非常有用，這些益處有一個重要特性，即力不會出現在方程式中。儘管碰撞過程中的力非常複雜，卻

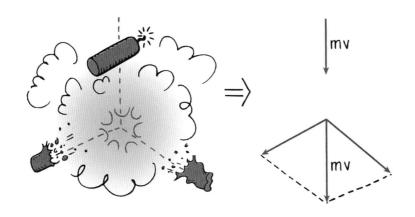

◀圖7.11
當爆竹炸開後,爆竹碎片動量的
向量和,等於爆竹爆炸前瞬間的
動量。

不是我們所關心的主題。

　　動量守恆定律,以及我們在下一章會討論到的能量守恆定律,
是力學中兩個最強而有力的工具。這兩個定律的應用,有助於我們
了解許多細微的訊息,範圍小從次原子粒子,大到整個星系。

觀念一把抓

觀念摘要

物體的動量是其質量與速度的乘積。

◆動量的變化視作用力的大小與作用的時間而定。

◆衝量等於平均力乘上作用總時間。

◆作用在物體的衝量等於物體的動量變化。

動量守恆定律說明，當物體所受的外力淨力為零時，動量保持不變。

◆無外力作用下物體的碰撞，無論是彈性碰撞或非彈性碰撞，動量均守恆。

動量是向量。

◆動量的結合，遵守向量規則。

重要名詞解釋

動量 momentum　一件物體的質量與其速度的乘積（速度必須遠小於光速），是具有大小與方向的向量，亦稱為線動量。（7.1）

衝量 impulse　力與作用時間的乘積。衝量等於動量變化。（7.2）

守恆 conservation　應用於物理量如衝量、能量、電荷等，表示反應前後維持不變。（7.4）

動量守恆定律　law of conservation of momentum　在不受外力影響下，一個物體或多個物體系統的動量不會改變。（7.4）

彈性碰撞　elastic collision　碰撞物體在反彈後不會產生永久變形，也不會產生熱的一種碰撞方式。（7.5）

非彈性碰撞　inelastic collision　物體在碰撞過程中改變了形狀，或是產生了熱的一種碰撞方式。（7.5）

借題複習

1. 請區分質量與動量，何者是慣性，何者是運動中的慣性？（7.1）

2. (a)一部靜止的卡車與一個運動中的滑板，何者有較大的質量？
   (b)何者有較大的動量？（7.1）

3. 區分衝撞與衝量，何者是指力，何者是指力乘上時間？（7.2）

4. 當力作用在物體上的時間延長時，衝量是增加或減少？（7.2）

5. 請區分衝量與動量，何者是力×時間，何者是運動中的慣性？
   （7.2）

6. 衝量是等於動量，還是等於動量變化？（7.2）

7. 對一個固定大小的力來說，假設衝撞在一物體上的時間延長兩倍，那麼：
   (a)衝量增加多少？
   (b)動量的增加多少？（7.2）

8. 在一場車禍碰撞中，為何延長衝撞時間會對乘客較有利？（7.2）

9. 若把碰撞事件中的衝撞時間延長四倍，則衝撞力會如何改變？
   （7.2）

10. 對拳擊手而言，隨著對手攻擊過來的拳頭後退，為何會比較有

利？爲何要避免迎合對方攻擊過來的拳頭？（7.2）

11. 想像你站在滑板上。

(a)當你丟出一顆球時，有感受到衝量嗎？

(b)相反地，當你接住一顆球速相同的球時，有感受到衝量嗎？

(c)如果你是先把球接住，再把它丟出去的話，有感受到衝量嗎？

(d)上面三種情況，哪一種衝量最大？（7.3）

12. 碰撞時，若有發生反彈的情形，則作用在物體上的衝量，會比沒有反彈時大，爲什麼？（7.3）

13. 爲何帕爾登水輪機比傳統平板槳葉的水車進步？（7.3）

14. 用動量守恆的觀念說明，爲何來福槍射擊時會有後座力？（7.4）

15. 動量守恆有何含意？（7.4）

16. 請區分彈性碰撞與非彈性碰撞。（7.5）

17. 假想你在地球軌道上，並飄浮在一架太空梭旁，有一位和你質量相同的夥伴，以相對於太空梭4公里／小時的速率撞向你。如果他撞上你之後，抱著你不放，那麼你們會以相對於太空梭多快的速率運動？（7.5）

18. 若兩物體是以某個角度相互碰撞，那麼動量守恆仍然成立嗎？請解釋。（7.6）

想清楚，說明白

1. 當你騎腳踏車全速前進然後突然煞車時，你需要用力頂住把手，才能避免自己向前飛出去，爲什麼？

2. 請用衝量與動量的觀念，說明爲何汽車的安全氣囊是好設計？

3. 要消防隊員握住高速且大量噴出水柱的水管，爲何是一件難事？

4. 你無法把一顆生鷄蛋丟向牆壁，而不讓它破掉，但你卻可以用相同的速率，把它丟向鬆軟的被單，而不讓它破掉。請解釋。

5. 若你把保齡球滾向枕頭，球會停下來。現在假設你把保齡球滾向一根彈簧，球會以大小相等、方向相反的動量反彈回來。

   (a)何者對球施加的衝量較大，是枕頭還是彈簧？

   (b)如果枕頭讓保齡球停下來的時間，跟保齡球與彈簧接觸的時間相等的話，比較兩者作用在保齡球上的平均力？

6. 如果你從自己的小樹屋上掉下來，在你落地前，你的動量一直都在增加中。這是否違反動量守恆定律？說說你的理由。

7. 一隻小蟲撞上了一部急駛汽車的擋風玻璃。請指出下列描述是對或錯：

   (a)作用在小蟲與汽車上的衝撞力相等。

   (b)作用在小蟲與汽車上的衝量相等。

   (c)對小蟲與汽車來說，速率的變化量是相同的。

   (d)對小蟲與汽車來說，動量的變化量是相同的。

8. 你認爲使用同一把槍發射子彈與空包彈，槍所受的反彈會有何差異？請解釋。

9. 一群頑皮的太空人，每人身上都背著一袋裝滿球的袋子，當他們在太空中自由下落時，圍成一個了圓圈。請問，當他們開始互相朝著夥伴丟球的時候，會發生什麼事？

10. 從加速器射出的一個質子撞擊上一個原子。觀測結果發現，有一個電子沿著原先質子入射的方向飛出，而速率卻遠大於質子的入射速率。關於質子與電子的相對質量，你可以導出什麼結論？

沙盤推演

1. (a)一個8公斤的保齡球，以2公尺／秒滾動時，動量為多少？

   (b)如果保齡球滾向一個枕頭，並在0.5秒內停了下來，試計算保齡球作用在枕頭上的平均力多少？

   (c)枕頭作用在保齡球上的平均力又是多少？

2. (a)一只50公斤的紙板盒，以4公尺／秒的速率在結冰的表面滑動時，動量是多少？

   (b)紙板盒後來打滑到一個粗糙的表面，並在3秒內停了下來。試計算紙板盒所受的摩擦力？

3. (a)以平均10牛頓的力，對一部推車作用了2.5秒，衝量是多少？

   (b)推車的動量改變了多少？

   (c)如果推車原本是靜止的，質量是2公斤，試計算其最後的速率是多少？

4. 一團2公斤的油灰，以3公尺／秒的速度，撞向另一團2公斤的靜止油灰。

   (a)試計算兩團油灰，於碰撞後瞬間黏在一起的運動速率。

   (b)如果原本靜止的油灰改為4公斤，試計算它們黏在一起運動的速率。

實戰演練

1. 一部1000公斤的汽車，以20公尺／秒的速率撞上建築物並停了下來。想想下面(a)、(b)兩個問題，何者可以由已知的訊息回答，何者無法回答？請解釋。

(a)作用在車子的衝量有多少？

(b)作用在車子的衝撞力有多大？

2. 一部質量1000公斤的汽車，以20公尺／秒的速度行駛，若要使汽車在10秒內停下來，則煞車的力要多大？

3. 假設一個8公斤的保齡球，以2公尺／秒的速率撞上彈簧，並以相同的速率反彈回來。那麼，

(a)反衝的動量是多少？

(b)動量改變了多少？（提示：當物體的溫度由1度變成−1度時，溫度的變化量為何？）

(c)如果球與彈簧交互作用的時間有0.5秒，試計算彈簧作用在球上的平均力為何？

(d)試把此力與「沙盤推演」第1題中作用於枕頭的力做個比較。

4. 一部柴油引擎的火車頭，重量是貨運車廂的四倍。假若火車頭以5公里／小時的速率，滑向一個靜止的貨運車廂，當它們衝撞後，個別的滑動速率是多少？

5. 一條5公斤的大魚，以1公尺／秒的速率游動，並吞掉一條漫不經心、停在原地的1公斤小魚。在大魚吃掉午餐的瞬間，牠的游速是多少？若小魚的游速是4公尺／秒游向大魚的話，大魚的游速變成多少？

6. 連環漫畫中的英雄——超人，在外太空碰到一顆小行星，並把它以100公尺／秒的速率拋出。小行星的質量是超人的一千倍。超人在拋開小行星後，原地不動。若用物理的觀念思考，超人反衝的速率應該有多大？相當於每小時多少英里？

第 8 章

能　量

能量是所有科學學門中最中心的觀念。令人驚訝的是，牛頓並不知道這個觀念，而且，一直到1850年代，人們都還在爭論到底能量是否存在的問題。雖然，能量的觀念相當新，可是到了今天，它不但已深植到所有科學學門裡，甚至還遍及人類社會的每一個角落。

我們對能量其實並不陌生。能量來自太陽，以太陽光的形式圍繞在我們身邊，它存在於我們所吃的食物裡，也是我們維持生命的泉源。在科學的領域裡，能量也許是大家最熟悉的觀念，但卻也是最難定義清楚的觀念之一。人、地、物都具有能量，但是我們能觀察到的，只有在某件事發生時，能量所產生的效應——當能量由某

處轉移到另一處，或是由某種形式轉換成另一種形式時。我們先從
與能量相關的觀念——「功」開始，來研究能量。

8.1　功

　　在前一章裡，我們討論到物體運動狀態的改變，與作用力的大
小以及作用總時間有關。記得嗎，我們把作用力×時間這個量叫做
衝量。然而，施在一物體上的力，除了可以作用「一段時間」之
外，也可以作用「一段距離」。當我們討論的對象換成是作用力×距
離時，就是另一個完全不同的觀念了。這個全新的觀念，我們稱之
為功。

　　當我們反抗地球重力、舉起一個重物時，我們做了功。這個重
物愈重，或是把它舉得愈高時，我們所做的功就愈大。在考慮做功
時，有兩個重要的因素需要考慮：（1）力的作用，以及（2）物體
因此力而運動的距離。

　　讓我們從最簡單的例子開始。當力恆定不變，而物體沿著施力
方向做直線運動時，這個力在物體上所做的功，等於力的大小與物
體運動距離的乘積。（對一般情形來說，功是力在運動方向上的分
量，與運動距離的乘積。）

$$功 ＝ 力 \times 距離$$

寫成方程式則是：

$$W = Fd$$

　　假如我們提著兩包重物爬一層樓，我們所做的功，會是只有單提一包重物時的兩倍，因為物體的重量是兩倍重，所以需要兩倍大的力。同樣地，如果我們提著一包重物爬兩層樓，而不是只爬一層樓時，我們也是做了兩倍的功，因為距離有兩倍遠。

　　注意，在功的定義裡，同時包含了力與距離。以舉重選手為例，當他舉著重1000牛頓的槓鈴時，其實並沒有對槓鈴做功。也許舉著槓鈴的期間，他會覺得很累，但槓鈴如果沒有因為他的施力而移動的話，他並沒有做功。從生物結構的尺度來看，我們也許可以從肌肉的伸展與壓縮，計算出有多少功作用在肌肉上，但是，這份功卻完全沒有作用在槓鈴上。然而，舉起槓鈴的過程，就是另一個不同的故事了。當舉重選手從地板上把槓鈴舉過頭頂時，他正在對它做功。

　　一般說來，我們可以把做功分為兩大類。第一類的做功，是用來反抗另外一個力。當弓箭手在把弓弦拉開時，她是反抗弓弦的彈力而做功。同樣地，當工人舉起打樁機的重錘時，需要反抗重力做功，才能舉起這個重錘。當你在做伏地挺身時，你是反抗自己的體重在做功。當你施力在某物上，讓它反抗某個相反方向的力（通常是摩擦力）而運動時，你正在對這個物體做功。

　　第二類的做功，是用來改變物體的運動速率。當汽車需要加速或減速時，便是需要這一類的做功。

　　功的量度單位，結合了力的單位（牛頓）與距離的單位（公尺），成為牛頓・公尺（N・m），也稱為焦耳，這是為了紀念英國物理學家焦耳（James Joule, 1818-1889，奠基熱力學第一定律）。當你施1牛頓的力，讓物體運動1公尺，你就等於做了1焦耳的功（J），就像是把一個蘋果舉過頭頂。當我們討論比較大的值時，常用到千

焦耳（kJ＝1,000 J）或是百萬焦耳（MJ＝1,000,000 J）。舉重選手所做的功，數量級約在千焦耳；要讓一輛時速 100 公里、滿載貨物的卡車停下來，則需做功約百萬焦耳。

8.2　功率

　　在功的定義裡，完全沒有涉及到做功的時間。當你提著重物爬樓梯時，不論你是用走的還是用跑的上樓梯，你所做的功是一樣的。所以，問題來了，為什麼當你以幾秒中的時間跑過這些階梯，比用幾分鐘走過這些階梯還來得累？要了解這兩者之間的差別，我們需要討論這個功是花了多久的時間完成的，也就是功率的問題。功率是功的變化率，等於所做的功除以做功的總時間。

$$功率 = \frac{功}{總時間}$$

　　功率高的引擎，做功較快。以汽車引擎為例，假設某部引擎的功率，是另一部引擎的兩倍，這並不意味高功率引擎所做的功，會是低功率引擎的兩倍，也不是意味高功率引擎的汽車，跑得比低功率引擎汽車快兩倍。兩倍的功率，是指在相同的時間內做兩倍的功，或是在做相同的功的要求下，只需要花一半的時間。一部高功率的跑車加速到某高速所花的時間，必定比低功率汽車達到相同高速所花的時間短。

　　功率的單位是每秒若干焦耳，也稱為瓦特，是為了紀念十八世紀發明蒸汽機的蘇格蘭工程師瓦特（James Watt, 1736-1819）。當我

▲圖8.1
太空梭的三具主引擎,在燃料以
每秒3,400公斤的消耗率下,功
率可達33,000百萬瓦。這樣的功
率,可以在20秒內,把一般規
格的游泳池水抽乾!

們以1秒的時間,做了1焦耳的功時,我們就消耗了1瓦特的功率。
千瓦(kW)等於1,000瓦(特);百萬瓦(MW)等於1,000,000
瓦。在美國,習慣用「馬力」來表示引擎的功率,用「千瓦」來表
示電力的功率,但它們其實都是互通的。在公制單位下,汽車引擎
以千瓦為單位。1馬力(hp)等於0.75千瓦,而一個134馬力的引
擎,和一個100千瓦的引擎有同樣功率。

Question

假如我們換一輛新的堆高機來工作,功率是原來堆高機的
兩倍,那麼在相同的時間內,它舉起的物品重量會重多
少?假如物品的重量固定,它的操作速率會快多少?

8.3　機械能

當射箭手對弓弦做功,把它拉開以後,這個彎曲的弓因而具有
了某種能力,可以對箭做功。當工人對打樁機的重錘做功,把它舉
高以後,這個重錘因而具有某種能力,可以在它掉落時,對另外的
物體做功。當我們對發條做功,把它旋緊以後,這個發條也就具有
某種能力,可以對不同的齒輪做功,好讓鈴能響、鬧鐘能叫醒你。

Answer

功率兩倍大的堆高機,在相同的時間內,可以舉起兩倍重的物
品,或是以一半的時間,舉起相同重量的物品。不管怎麼說,
有了新堆高機的老闆,都會比較高興。

　　上面所舉的例子，每一個物體都獲得某種東西，來讓它們對外界做功。有的可能是組成物質的原子受到擠壓，有的是把兩個互相吸引的物體分開，或是把物質分子的電荷重新分布。至於這些能讓物體有能力做功的「某種東西」，就是所謂的能量。嚴格來說，讓物體有能力做功的「某種東西」應該稱做「可用之能」，因為並不是所有的能量都可以轉為功。

　　和功一樣，能量也是用焦耳來量度。能量能以非常多的形式出現，我們會在以後的章節逐一討論。但就目前而言，我們把注意力擺在兩個最普通的機械能上，也就是由於物體位置而具有的能量，或物體運動所具有的能量，分別是位能與動能。

> **物理 DIY**

對沙子做功

　　盛一把乾燥的沙子，倒入一個有蓋子的罐子裡。先以溫度計測量沙子的溫度，然後把溫度計移開，蓋上蓋子。接著，開始用力地搖動罐子，大約持續一分鐘左右。此時，你正在對沙子做功，因為你改變了沙子的能量——可能是動能，可能是位能，也可能兩者都是，端看你的搖動方式而定。在你搖動沙子之後，再測量沙子的溫度看看，它的溫度有什麼變化？你如何解釋這個現象呢？

8.4　位能

　　某物體可能因它所在的位置，而儲存有能量。所謂的位能（PE）

是指已經儲存、也準備好的能量，因爲處在儲存狀態，它便具有可以做功的「潛能」。例如，一根被拉長或是壓縮的彈簧，具有要做功的潛能。當弓被拉開時，便有能量儲藏在弓裡，弓便具有對箭做功的潛能。一條被撐開的橡皮筋，由於它的「姿勢」，而具有位能，如果它恰好是彈弓的一部分，它也會具有做功的能力。

燃料裡的化學能也是一種位能。在次微觀層次中，它的確是「位置的能量」。當分子或分子間的電荷位置發生變化時，也就是化學變化發生時，這個能量便成爲可用之能。任何物質，只要經過化學變化而能夠做功者，都具有位能。從化石燃料、電池，或是我們所吃的食物，都可以發現位能的存在。

當我們想要反抗重力，提升物體的高度時，我們需要對物體做功。由於位置的提升而產生的位能，稱爲重力位能。在樓頂水塔裡的水，以及高舉的打椿機重錘，都具有重力位能。

在高處物體所具有的重力位能，等於我們在把它舉高時，反抗重力所做的功。這個功的大小，等於我們向上施的力，乘以它向上移動的距離（還記得 $W = Fd$ 嗎？）。希望物體以等速度向上運動所需的力，等於物體的重量（mg），所以把物體提升高度 h 所做的功，等於施力與高度的乘積 mgh。

$$重力位能 = 物體重量 \times 高度$$

$$PE = mgh$$

注意，這裡的高度，是指在某個參考平面以上的高度，而參考平面是任意選擇的，可以是地面，也可以是建築物裡某一層的地板。重力位能 mgh 與參考平面相關，且視 mg 和 h 而定。從圖 8.2

裡，我們可以看出，在崖邊頂端的大石頭所具有的位能，與它如何到達崖頂的路徑無關。

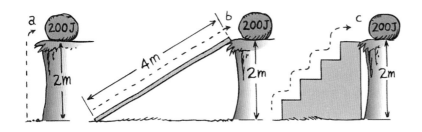

◀圖 8.2
崖頂 100 牛頓重的大石頭，相對於地面有 200 焦耳的位能。不論採用下面哪一種方法把石頭運到 2 公尺高的崖頂，所做的功都是一樣大的：(a) 用 100 牛頓的力直接把石頭舉上去；(b) 以 50 牛頓的力，把石頭沿 4 公尺長的斜面推；(c) 以 100 牛頓的力，爬每階 0.5 公尺高的樓梯。在不計摩擦力的情形下，石塊在水平方向上做的功為零。

Question

1. 假設你抱著一個 100 牛頓重的石塊，水平穿過一間 10 公尺長的房間。請問你對石頭做了多少功？石頭獲得了多少位能？

2. (a)當你把 100 牛頓重的石塊，舉高 1 公尺時，你做了多少功？

   (b)如果你是以 1 秒鐘的時間，把石塊舉高 1 公尺，請問你消耗了多少功率？

   (c)當石塊到達 1 公尺的高度時，具有多少重力位能？

Answer

1. 當你抱著石塊水平移動時，對石塊並沒有做功，因為在石塊的運動方向上，你並沒有施任何力（除了在剛起動與結束時作用的一點點力之外）。因此，在穿過整個房間之後，石塊還是沒有獲得任何額外的位能。

2. (a)當你把它舉高 1 公尺以後，你做了 100 焦耳的功，因為 Fd ＝ 100N · m ＝ 100J。

(b)功率＝100J／1s＝100W。

(c)不一定。相對於它的起始位置，石塊有100焦耳的位能。

　　但若相對於其他參考平面，石塊的位能可能就不一樣了。

8.5 動能

你推一個物體，會讓它運動。運動中的物體，具有做功的能力，這是一種運動的能量，或稱做動能（KE）。物體所具有的動能，和物體的質量與速率都有關係。物體的動能等於物體質量與速率平方乘積的一半。

$$動能 = \frac{1}{2}質量 \times 速率^2$$

$$KE = \frac{1}{2}mv^2$$

當你在拋球時，對球做功，讓球在離手時具有速率。當這個球撞上其他東西時，會去推動這個東西，也就是球會對被它撞上的東西做功。運動中的物體所具有的動能，等於把這個物體從靜止狀態，加速到它的運動速率所需的功，或是等於把這個物體從運動狀態減速到靜止所需的功。

$$淨力 \times 距離 = 動能$$

或寫成方程式為：

$$Fd = \frac{1}{2}mv^2$$

▲圖8.3

拉張的弓所具有的位能，等於把箭拉到發射位置時所做的功（平均力×距離）。當箭發射出去時，弓的位能便轉成箭的動能。

　　這個公式是從下面的代數運算推導出來的。已知牛頓第二運動定律 F = ma，在等號兩側同時乘上 d，得到 Fd = mad。回憶一下，物體做等加速度直線運動的距離等於 $d = 1/2\,at^2$，因此 Fd = $ma(1/2\,at^2)$ = $1/2\ maat^2$ = $1/2\ m(at)^2$。再把 v = at 帶入，我們便得出 Fd = $1/2\ mv^2$。

　　注意，在這裡的速率是個平方項，所以當物體的運動速率加倍時，它的動能會變為四倍（$2^2 = 4$），因此需要做四倍的功，才能讓物體的速率加倍。同樣地，一個物體以兩倍的速率運動時，需要做四倍的功，才能讓它停下來。車禍調查員非常清楚時速 100 公里汽車的動能，是時速 50 公里汽車的四倍。所以，一部時速 100 公里的汽車，煞車後滑行的距離，會是時速 50 公里時的四倍遠。

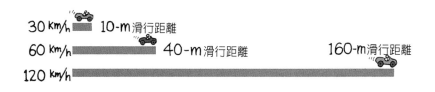

◀圖 8.4
汽車行駛的速率不同時，滑行距離也會不同。讓汽車停止所做的功，等於摩擦力 × 滑行距離。請注意功如何隨速率平方而改變。當我們把駕駛人的反應時間也考慮進來時，滑行距離會更長。

運動中的物理

甜蜜點

　　網球拍或球棒上的「甜蜜點」，是球產生最小振動的擊球位置。當我們以甜蜜點來擊球時，球會飛得又快又遠；若以球拍的其他部位擊球，球拍產生的振動，會讓我們的手覺得麻麻的！從能量的觀點來看，振動的球拍或球棒具有某些能量，而在球被擊出後，球也具有能量。那些用來產生振動的能量，對球而言，則是可以讓它更快更遠的能量。現在你知道為什麼以甜蜜點擊球，會讓球飛得又快又遠了嗎？

Question

一輛機車以時速60公里行駛,當駕駛人踩煞車後,汽車的滑行距離會比車速在時速20公里時多出多少?

Answer

九倍遠。當車速是三倍時,汽車增加成九倍的動能。KE = 1/2m(3v)² = 1/2m9v² = 9(1/2mv²)。一般說來,地面的摩擦力在這兩種情形中應該是相同的。因此,要做九倍大的功,需要有九倍遠的滑行距離。

8.6　能量守恆

　　了解能量的行爲(也就是不同的能量間是怎麼轉換的),比了解能量是什麼更爲重要。如果我們以「能量是在不同形式之間做轉換」的觀點來分析,則我們對自然界發生的幾乎每一種過程與變化,都會有更深一層的了解。

圖8.5▶
上緊的發條,有部分的位能轉換成動能。其餘的位能,則由於摩擦力,轉移到加熱滑車及四周環境,沒有任何能量憑空消失。

10 J 位能　　　　8 J 動能

2 J 熱能

　　當你把彈弓上的石頭往後拉，你就做功拉張了橡皮筋，這條橡皮筋於是有了位能。當你把手鬆開，石頭具有的動能，就等於原先橡皮筋的位能。接著石頭又把能量傳送到目標上，或許是一個木製郵箱。這個木製郵箱受石頭撞擊之後，會有一點點地移動，若我們把這個微小距離，乘上它所受到的平均衝撞力，得出結果卻與原先石頭的動能有些微差異，它們的能量「帳目」似乎並沒有收支平衡。可是，如果你再做進一步調查，你會發現郵箱與石頭兩者都有一點兒溫溫的。溫度上升了多少？答案就等於這些能量的差額。能量從某種形式，轉換成另一種形式了，而且淨能量既不會增加，也不會減少。

　　從研究不同形式的能量，到能量如何在不同形式間的轉換，促成了物理學裡最偉大的通則之一——能量守恆定律：

　　能量既不會無中生有，也不會憑空消失。它可以從一種形式，轉換成另一種形式，但能量總和永遠不變。

　　當你所考慮的是一個系統的整體時，不論只是單擺的擺動，或是複雜到星系的爆炸，系統有一個性質是永遠不會改變的——能量。它也許會轉換成另一種形式，或是由某處轉移到另一處，但是系統的能量總和維持不變。

　　在清點能量「帳目」時，別忽略一個事實，就是構成物質的原

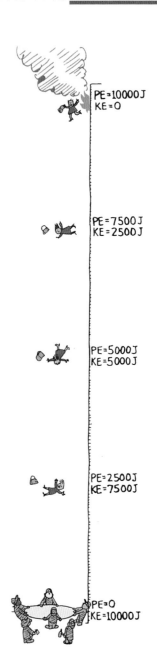

圖8.6 ▶
一位小姐驚慌失措地從失火的高樓上跳下來。注意位能與動能的和，在下落樓高的1/4、1/2、3/4位置，與整個下落過程，都是保持恆定。

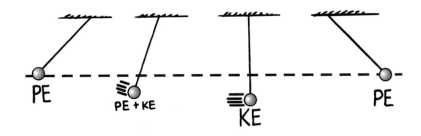

圖 8.7 ▶
單擺運動中的能量轉移：單擺擺錘在最高點的位能，等於它在最低點的動能。在擺錘的運動路徑上，每一個位置的位能與動能和都是相等的。由於系統要反抗摩擦力做功，所以能量最終會轉換成熱能。

子，每一個都是集中的能量束。當原子核內部重新排列時，會有非常巨大的能量釋放出來。太陽之所以會發光，就是因為它內部的核能轉換成輻射能的緣故。在核反應爐裡，核能會被轉換成熱能。

在太陽深處熾熱的內心，由於重力造成的一股強大的壓縮力，促使氫原子核產生核融合，變成氦原子核。這種高溫的原子核融合，稱做熱核融合，我們將在第 V 冊第 40 章裡，仔細討論它。由這個過程釋放出來的輻射能，有一部分會抵達地球，而這些能量又有一部分會跑到植物上，使一些植物後來變成煤。

另外有一部分抵達地球的能量，則是跑到從海洋微生物開始的食物鏈裡，擔任起維持生命的責任，然後隨著生命的老死，最終以石油形式儲藏起來。

還有一部分的太陽能，是用來蒸發海水，其中一部分水，以雨水的形式，回到地面上，被水壩匯集起來。由於水的位置升高了，水壩裡的水於是具有位能，可以用來使水壩下方的發電廠發電。發電廠利用往下流動的水產生電能，而電能又經由電線傳輸到家庭，用來照明、加熱、燒飯，還有讓你用電動牙刷刷牙。各種能量之間的轉換，是多麼奇妙美好的事啊！

化學中的物理

化學反應

　　是怎樣的過程，提供火箭能量，讓它可以把太空梭推上軌道？又是怎樣的過程，從我們所吃的食物中釋放能量出來？答案是化學反應。在化學反應的過程中，原子間的鍵結會斷裂，然後在別的位置重新鍵結。化學鍵的斷裂，需要能量；形成化學鍵結，則會釋放能量。把兩個原子拉開的情形，就像去拉開兩個吸在一起的磁鐵，我們需要能量去做這件事。相反地，當原子鍵結在一起時，就像兩個磁鐵互相吸引而黏在一起，此刻則有能量釋放出來。如果快速釋放能量，可能會產生火焰，而緩慢地釋放能量，就好比消化食物的過程。所有的化學反應都遵守能量守恆，打斷化學鍵所需要的能量，會等於鍵結時放出來的能量。

❓ Question

　　假設有一部配備神奇引擎的汽車，它可以把汽油燃燒的能量（每公升4,000萬焦耳）百分之百拿來做功。又假設汽車在高速公路上行駛時，空氣阻力與整體摩擦力的總值是500牛頓，那麼每公升的汽油，最遠可以讓汽車在高速公路上行駛多少距離？

8.7　機械

　　所謂的機械，是一種用來增強作用力，或是改變施力方向的裝置。每一個機械背後的工作原理，就是能量守恆定律。我們來看看

Answer

功的定義是力×距離。經由移項,我們得出距離=功÷力。如果1公升汽油產生的4,000萬焦耳的功,全部用來克服摩擦力與空氣阻力,汽車所能行駛的最大距離為:

$$距離 = \frac{功}{力} = \frac{40,000,000J}{500N} = 80,000m = 80km$$

這裡的重點是,即使是最完美的引擎,燃料的節省還是有上限,而這個上限則是聽命於能量守恆定律。

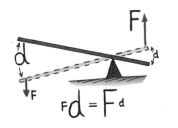

▲圖8.8

槓桿。我們對槓桿一端所做的功(力×距離),會等於槓桿另一端對負載重物所做的功。

最簡單的機械——槓桿。如圖8.8所示,在我們對槓桿的一端做功時,槓桿的另一端,同時也會對負載的重物做功。我們看到力的方向改變了,如果我們向下施力,物體會被向上舉起。如果因摩擦力產生的熱小到可以忽略的話,輸入的功將等於輸出的功。

輸入的功 = 輸出的功

因為功等於力乘以距離,所以上式可以改寫成:

(力×距離)輸入 = (作用力×距離)輸出

稍微想一下,就可以了解槓桿的軸承(支點)應該離重物近一點比較好,如此一來,透過較長的距離施較小的力,會在槓桿短距離的那一端產生較大的力,如此一來,槓桿就能增強作用力了。然而,沒有任何機械可以增加功或能量,否則就違反了能量守恆!

再看看圖8.9中的無重量理想槓桿。小朋友只以10牛頓的力,就可以舉起80牛頓的重物。我們把輸出力對輸入力的比值稱為機械利益,則圖中槓桿的機械利益是(80牛頓)/(10牛頓),等於8。注

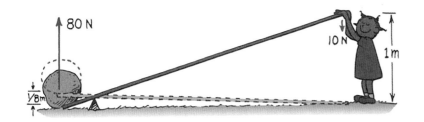

◀圖8.9
輸出力（80牛頓）是輸入力（10牛頓）的八倍，而輸出力臂（1/8公尺）是輸入力臂（1公尺）的八分之一。

意，負載端移動的距離，只有施力端的八分之一而已。若摩擦力忽略不計，機械利益也可以由輸入距離對輸出距離的比值求得。

　　圖8.10顯示了三種最常見的槓桿原理應用。第一類槓桿的支點位在施力點與重物之間，或說是在輸入力與輸出力之間。這類槓桿最常見的例子，是公園中的翹翹板，你常可以看到兩位小朋友坐在翹翹板的兩端。在某一端向下施力，可以在另一端把重物向上抬起。你可以把輸入距離加長，來獲得較大的輸出力，但是別忘了，輸出力與輸入力的方向是相反的。

　　第二類槓桿是重物位在支點與施力點之間，是藉由舉起槓桿的某一端而舉起重物。圖中的例子是拿一根鐵棒穿過汽車的底盤，雙

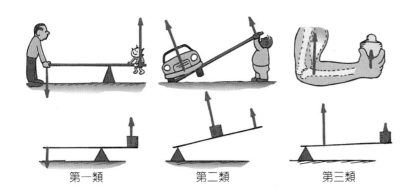

◀圖8.10
三種基本的槓桿。注意在第一類槓桿的力方向有改變。

第一類　　　第二類　　　第三類

手施力撐起你這一端的鐵棒，好抬起一輛汽車。與第一類槓桿相同，若要增大對負載端的施力，可以將輸入距離加大。由於輸入力與輸出力在槓桿的同一側，所以這兩個力的方向相同。

第三類槓桿是支點在某一端，重物在另一端的情況，施力點則在它們之間。我們前臂的二頭肌，就是以這個方式與骨頭相連，支點是手肘，重物在手掌上。此類槓桿可以藉由增加施力，來獲得較大的移動距離。只要你的二頭肌移動小小的距離，你的手掌便可以移動相當大的距離。注意，由於施力點與重物同側，所以輸入力與輸出力的方向相同。

滑輪是另一類基本的槓桿，可以用來改變施力方向。透過適當的設計與使用，滑輪可以增強作用力。

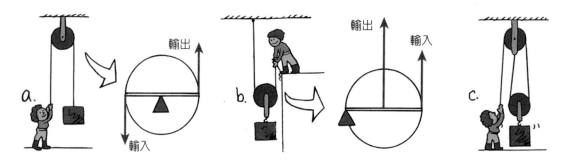

▲ 圖 8.11
滑輪可以 (a) 改變力的方向，如施力向下，重物便向上移動。(b) 增強作用力，如施力只需物重的一半。(c) 把兩滑輪組合之後，既改變施力方向，也增強作用力。

圖 8.11(a)中的滑輪（定滑輪），與第一類槓桿的原理相同。滑輪的轉軸，相當於槓桿的支點，而槓桿兩邊的距離相等（為滑輪半徑），所以定滑輪不會增強作用力，它只是用來改變施力的方向而已。在這個例子裡，機械利益等於1。請注意，輸入距離會等於重物移動的輸出距離。

圖 8.11(b)中的滑輪（動滑輪），與第二類槓桿的原理相同。仔細

思考一下，你會了解支點其實是位於「槓桿」的左端，也就是支撐的繩索與滑輪的接觸點。負載的重物掛在支點與「槓桿」右端施力點的正中間。每作用 1 牛頓的力，便可以拉起 2 牛頓的重物，所以機械利益等於 2。這個數字可以經由拉動的距離來做驗算。要讓重物上升 1 公尺，圖中的小姐就必須把繩索向上拉 2 公尺。從另一個理由看來，我們也可以說它的機械利益等於 2，那就是重物在此受到兩段繩索的支承，表示每一段繩索負擔物體一半的重量，因此，這位小姐所用的力，只有這個物體重量的一半。

　　對簡單的滑輪系統而言，機械利益等於用來支承重物的繩索段數。在圖 8.11(a) 裡，只有一段繩子在支承物體的重量，所以機械利益等於 1。在圖 8.11(b) 裡，有二段繩子在支承物體的重量，所以機械利益等於 2。你能否利用這個規則，來想想圖 8.11(c) 這個滑輪系統的機械利益為何？

　　圖 8.11(c) 這個滑輪系統的機械利益等於 2。雖然看起來圖中有三段繩索，但是真正支承重物的，只有兩段而已。上方的定滑輪，只是用來改變施力方向而已。真正動手去操作不同的滑輪組，會比只念教科書來得有收穫，所以試著動手去玩一玩，不管是在教室裡還是教室外，你一定會覺得很有趣的！

　　這個「繩索支承段數」的判斷法則，只適用於簡單滑輪系統，也就是構成滑輪組的所有滑輪，尺寸都相同。像我們在汽車修理廠常看到的起重機，是利用共用同一軸承的不同尺寸滑輪來獲得機械利益。而我們在此並不討論這類複雜的滑輪組。

　　圖 8.12 所畫的，是個稍微複雜的滑輪組，但還是遵守能量守恆定律。當圖中的小姐以 100 牛頓的力，把繩索下拉 5 公尺，這個重 500 牛頓的物體，會上升 1 公尺，機械利益等於（500 牛頓）／（100

▲ 圖 8.12
在理想的滑輪系統裡，輸入力 ×
輸入距離 = 輸出力 × 輸出距離。

牛頓），也就是 5。增加下拉距離，輸出的力會增強。機械利益也可以由移動距離的比例來計算：（輸入距離）／（輸出距離）＝ 5。

　　沒有任何的機械，可以使輸出能量大於輸入能量，也沒有任何的機械可以產生能量。機械只能把能量由某處，傳到另一處，或是由某種形式，轉換成另一種形式。

8.8　效率

　　我們之前所討論的機械，都集中於理想的機械，也就是所有輸入功，完全被轉移成輸出功。一部理想機械的效率是100%的，但在實際上，100%的效率不可能發生，而且我們也從不期望它會發生。任何一部機器在工作中，都會有部分的能量轉換成原子或分子的動能，也就是會使機器的溫度升高一些，我們說這些未充分利用的能量已耗散為熱了。

　　原子或分子運動的能量，實際上是一種熱能，而不是熱。我們將在《觀念物理》第 III 册第 21 章裡學到，熱是一種能量，它藉由原子或分子的運動，把能量由某處傳遞到另一處。熱與功之間有個相似處，它們都是藉由運動來傳遞能量。

　　當一個簡單的槓桿以支點為軸在擺動，或是滑輪在轉動時，有一小部分輸入的能量，正悄悄轉換成熱能。我們對槓桿輸入100焦耳的功，卻可能只得到98焦耳的輸出功而已。這個槓桿的效率是98%，而我們損失了2焦耳的功，它變成熱消耗掉了。對滑輪組而言，消耗成熱能的比率會比較高。例如我們輸入100焦耳的功，軸承的轉動以及繩索與滑輪間的摩擦，可能會消耗40焦耳的熱能，所以

我們只有得到60焦耳的輸出功,而這個滑輪組的效率只有60%。效率愈低的機器,耗散為熱的能量愈多。

效率可以由有用的輸出功對全部輸入功的比值來表示。

$$效率 = \frac{有用輸出功}{總輸入功}$$

斜面也是一種機械。在斜面上推動一個重物所需要的力,會比垂直抬起它所需的力要小。圖8.13是一個長5公尺、高1公尺的斜面。用斜面推此重物的滑行距離,是垂直抬起距離的五倍;若摩擦力忽略不計,我們只需要用垂直方向施力的五分之一,便可以把它沿斜面推上去。在理論上,這個斜面的機械利益等於5。

◀圖8.13
與垂直抬起冰塊相比,我們沿斜面推冰塊的距離雖有五倍遠,但施力則是相當於推五分之一重的冰塊。不論我們是垂直抬起,或是沿斜面推,冰塊所獲得的位能都一樣。

冰塊在結冰的平面上滑動,或一輛車輪潤滑過的馬車,效率幾乎可以達到100%。然而,當木製箱子在木質平面上滑動時,實際的機械利益與效率兩者都會相當低。效率也可以用實際機械利益對理論機械利益的比值來表示。

$$效率 = \frac{實際機械利益}{理論機械利益}$$

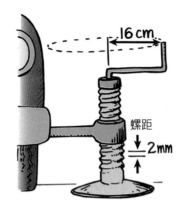

▲圖8.14

汽車千斤頂的構造，就像一個繞著圓柱的斜面。每當握柄轉動一圈，重物就會上升一個螺距的高度。

效率會是永遠小於1的數。要把效率以百分比表示，我們要先把得到的小數乘以100%即可，例如，效率0.25就是0.25 × 100%，也就是25%。

圖8.14是一個用來舉起汽車的千斤頂，它的結構其實是一個繞著圓柱轉的斜面。你可以看出在握柄轉動一圈後，重物（汽車）會上升一個微小的距離。如果握柄轉動一圈的圓周長度，是螺距（兩個螺旋間的距離）的500倍的話，這個千斤頂的理論機械利益就等於500，我們由下面的計算可以了解。

千斤頂握柄必須要轉動一整圈，也就是半徑16公分的圓周長，才能讓重物上升2公釐。這樣的長度是100公分（因為圓周長$2\pi r = 2 \times 3.14 \times 16$公分 ≒ 100公分）。經過簡單的計算得知，100公分的輸入距離，會是2公釐輸出距離的500倍。如果千斤頂的效率是100%，則輸出力會增大為500倍，因此理論機械利益等於500。

難怪，即使是小朋友，也可以透過它舉起一輛九人座的休旅車！不過在實際上，千斤頂的摩擦力相當大，它的效率大約只有20%而已。因此千斤頂所產生的力，其實只有輸入力的100倍而已，真正的機械利益也只有100。想像一下，若早在埃及人蓋金字塔時就有這些工具的話，它們的價值會有多大呀！

汽車引擎是一種把儲存在燃料裡的化學能，轉換成機械能的機器。當汽油在燃燒時，汽油分子的鍵結會斷裂。燃燒是原子與空氣中的氧原子結合的化學反應。汽油中的碳原子與氧原子結合，形成二氧化碳，氫原子與氧原子結合形成水，能量則在這個過程中釋放出來，便可轉化用來運轉引擎。

假如全部的能量都可以轉換成機械能就太棒了，可惜物理學家一直到十九世紀才知道，要把熱能百分之百地轉換成機械能是一件

❓ Question

有位小朋友坐在雪橇上（總重量500牛頓），沿一個長10
公尺、高1公尺的斜面被人往上拉。

(a)這個斜面的理論機械利益是多少？

(b)假設這個斜面沒有摩擦力，而且她被人等速往上拉，
　　請問繩索的張力是多少？

(c)若考慮實際到摩擦力，則繩索的眞正張力是100牛頓，
　　那麼斜面的實際機械利益是多少？效率又是多少？

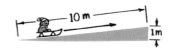

不可能的事情，一定有部分的熱能會從引擎流失掉。摩擦力則讓能
量損失更多。即使是一個設計最完美的引擎，在效率上也很難超過
35%。燃燒汽油所得的熱能，有部分會到引擎的冷卻系統，透過散
熱器逸散到空氣中。也有一部分隨著廢氣由排氣管排出，另外將近

Ⓐ Answer

(a)理想的機械利益也就是理論機械利益是：

$$\frac{輸入距離}{輸出距離} = \frac{10m}{1m} = 10$$

(b)50牛頓。沒有摩擦力時，理想的機械利益會等於實際的機械
　　利益，也就是10。所以繩索的張力或是輸入力，將等於物體
　　重量（500牛頓）的十分之一。（注意，這個輸入力，等於
　　小孩與雪橇總重量在斜面上的分力。）

(c)實際的機械利益是（被拉物體的重量）／（輸入力）＝（500
　　牛頓）／（100牛頓）＝5。因爲（實際機械利益）／（理論
　　機械利益）＝5/10＝0.5，所以效率是0.5或50%。這個效率
　　也可以透過（有用輸出功）／（總輸入功）來計算。

一半的能量，消耗在引擎的摩擦上，使得引擎的溫度升高。在這些降低引擎效率的因素發揮極致時，燃料不會完全燃燒，有部分的燃料自始至終都沒用到。我們可以用下面的想法，來思考這種「無效率」：任何能量轉換，都有一定程度的有用能量被「稀釋」，有用能量最終都變成了熱能。能量其實都沒有消失，只是被「降格」了而已；經過熱的轉換，熱能會成為有用能量的墓地。

圖 8.15 ▶
對一般汽車的引擎來說，汽油燃燒產生的能量，只有 30% 會成為有用的機械能。

燃料輸入的能量　=　冷卻水損失的能量 + 引擎輸出的能量 + 排出的熱量
100%　　　　　　　35%　　　　　　30%　　　　　　35%

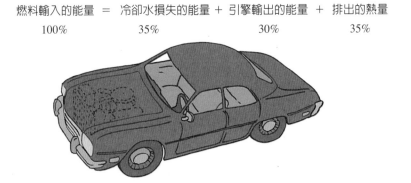

8.9　生命所需的能量

每個生物體中的活細胞，都可以看成是一部機器。跟所有的機械一樣，活細胞也需要補充能量。地球上大多數的生物，都是靠食用碳水化合物來補充能量，這些碳水化合物在與氧氣作用時，會釋放能量。正如石油本身儲藏的能量，大於它燃燒後的產物所儲藏的能量；儲藏在食物裡的能量，也多於消化後的產物所儲藏的能量。這些能量的差額，正是維持生命所需的能量。

科技與社會

能量守恆

　　美國所消耗的能源，多來自化石燃料；石油、天然氣與煤，幾乎提供了工業與科技所需的所有能量。在美國，有將近70%的電力來自化石燃料，只有21%的電力來自核能。以全世界來說，化石燃料也占能源消耗的首位。我們一直以來都依賴化石燃料，因為它們的礦藏豐富、價格低廉。從前，我們所消耗的能源都還不算多，因此往往忽視了它們對於環境的衝擊。

　　然而，現在的情形已經不一樣了。目前化石燃料的消耗率，速度之快，已經快要耗竭整個地球的藏量了。不論是區域性還是全球性，我們對化石燃料的消耗，顯然已經嚴重污染了我們呼吸的空氣及飲用水。然而，除了這些問題之外，有許多人以為化石燃料就和太陽光一樣，取之不盡、用之不竭，而且也和母親的拿手菜一樣令人滿意，因為在整個二十世紀裡，石化燃料持續滋養著人類。就金錢的價值來看，化石燃料算是低廉的商品，可是好景不會一直持續下去；就環境的觀點來看，使用化石燃料的代價已經非常龐大了。如果我們想要繼續維持目前我們已經習慣的各種工業與科技的便利，一定得找出替代能源才行。例如法國選擇了核能，有74%的電力來自核能發電。若是你，你會選擇哪一種能源做為化石燃料的替代品？

　　然而，在尋找替代品的同時，我們也應該要節約能源。以個人來說，我們應盡量減低對便利能源的依賴，如隨手關掉不使用的電器、減少熱水使用量、少開暖器與冷氣機，以及駕駛較省油的汽車等。小處著眼、大處著手，我們便可以節約不少的有用能量。你還想出哪些合理的節約能源方法呢？

燃燒原理也發生在生物體內食物的消化，或是機械引擎的化石燃料燃燒，兩者的差別只是反應速率不同罷了。消化過程的反應速率非常緩慢，能量是當身體需要時才釋放出來，它與化石燃料的燃燒一樣，一旦開始反應，便會自己進行下去。在消化過程中，碳原子會與氧氣結合成二氧化碳。

逆反應比較困難，只有綠色植物和一些單細胞生物，可以讓二氧化碳與水結合，產生碳水化合物，例如糖。這個過程叫做光合作用，且需要能量（通常是日光）才能進行這個反應。糖是最簡單的食物，其他還有碳水化合物（醣類）、蛋白質與脂肪等食物，也都是由碳原子、氫原子、氧原子與其他元素所組成的。想一想我們是不是相當幸運？綠色植物利用日光能量製造出可以供應人類及其他生物所需的食物，正因為如此，地球才有生命。

■觀念一把抓

觀念摘要

當一個恆定的力讓物體沿施力方向運動時，力對物體所做的功等於力的大小與物體運動距離的乘積。

◆ 功率是功的變化率。

一物體的能量能讓它做功。

◆ 機械能是由於物體的位置（位能）或運動狀態（動能）而具有的能量。

能量守恆定律的定義是，能量既不會無中生有，也不會憑空消失。

◆ 能量可以由某種形式，轉換成另一種形式。

機械是一種可以用來增強輸出力或改變施力方向的裝置。

◆ 槓桿、滑輪與斜面都屬於簡單機械。

◆ 從機械輸出的有用的功，小於它的輸入功。

重要名詞解釋

功 work　作用於物體上的力乘以該物體受力運動的距離所得到的乘積（若該力恆定不變，且沿著力的方向直線運動），單位是焦耳。（8.1）

焦耳 joule　國際單位制裡的功及其他各種能量的單位。用一牛頓力作用在一個物體上，使其朝施力方向前進一公尺所做的功即為一焦耳（符號為 J）。（8.1）

功率 power　功的變化率，或是能的轉變率，也就是功或能量除以時間，單位為瓦特。（8.2）

瓦特 watt　國際單位制裡的功率單位，一秒鐘做一焦耳的功即消耗一瓦特。（8.2）

能量 energy　一個物體或系統能夠使自己做功的特性，量度的單位是焦耳。（8.3）

機械能 mechanical energy　由於物體的位置或運動而具有的能量，即位能或者動能（也可能是兩者結合）。（8.3）

位能 potential energy　因位置而具有的能量，通常是指兩物體的相對位置，如石頭和地球，或電子和原子核。（8.4）

動能 kinetic energy　因運動而具有的能量，等於（非相對論性的）質量與速度平方乘積的一半。（8.5）

能量守恆定律 law of conservation of energy　能量既不會無中生有，也不會憑空消失。它可以從一種形式轉變成另一種形式，但總能量不變。（8.6）

機械利益 mechanical advantage　機械的輸出力對輸入力之比值。（8.7）

效率 efficiency　一部機器中，有用的輸出能量對總輸入能量的比值，也就是有多少百分比的輸入功會轉變成輸出功。（8.8）

借題複習

1. 力讓某物體運動。當力乘上作用的時間，我們稱這個乘積為衝量，它會改變物體的動量。我們把「力×距離」稱為什麼？而它又會改變什麼？（8.1）

2. 舉起槓鈴時，我們需要對它做功。如果我們想要把它舉到三倍高的高度，需要多做幾倍的功才行？（8.1）

3. 下面何種情形需要做較大的功：垂直舉起10公斤的物體2公尺，或是垂直舉起5公斤的物體4公尺？（8.1）

4. 若以10牛頓的力推動物體，讓它運動10公尺，需要做多少焦耳的功？（8.1）

5. 若想在0.5秒內做100焦耳的功，需要多少的功率？如果想在1秒內做完相同的功，又需要多少的功率？（8.2）

6. 機械能的兩種主要形式為何？（8.3）

7. (a)假如你做了100焦耳的功提起一桶水，請問相對於原來的位置，這桶水的重力位能是多少？
   (b)如果把這桶水提到兩倍高的地方，它的重力位能又是多少？（8.4）

8. 把石塊從地面抱起，讓它相對於地面有200焦耳的位能，然後讓它掉落。在石塊著地前的瞬間有多少動能？（8.5）

9. 假設一部汽車具有2000焦耳的動能。當它的速率加倍時，動能會變成多少？當速率變成三倍時，動能又是多少？（8.5）

10. 在位能為50焦耳的弓上，架一枝箭。當這支箭射出後，具有多少動能？（8.6）

11. 「每一個系統的總能量都維持不變」是什麼意思？（8.6）

12. 你是如何了解「煤所蘊含的能量事實上來自太陽」的道理？（8.6）

13. 汽車引擎作用到汽車上的功，與汽油所含的能量相比如何？（8.6）

14. 機械用來改變輸入力的方式有哪兩種？（8.7）

15. 機械以哪種方式遵守能量守恆定律？機械可能增強輸入的功或能量嗎？（8.7）

16. 機械的「機械利益」有什麼涵義？（8.7）

17. 哪一類型的槓桿會讓輸出力小於輸入力？（8.7）

18. 一部機械需要輸入100焦耳的功，才能對外輸出35焦耳的功，請問它的效率是多少？（8.8）

19. 試區別理論機械利益與實際機械利益。若機械的效率是100%，則這兩個物理量有何異同？（8.8）

20. 一位腳踏車騎士自己用1000瓦的功率，把功率為100瓦的機械能傳遞到腳踏車上。請問她身體的效率為何？（8.8）

想清楚，說明白

1. 請以兩個理由說明，為什麼當我們把彈弓的橡皮筋拉得愈緊，彈弓上的石頭會飛得愈快呢？

2. 具有動量的物體，是不是一定具有能量？具有能量的物體，是不是也一定具有動量？請解釋。

3. 假設一隻老鼠與一隻大象以相同的動能奔跑，你能不能指出誰跑得比較快？請以動能的方程式來說明。

4. 一位太空人穿著全套太空裝在地球上沿著垂直的梯子往上爬。稍

後，他飛到了月球，也以相同的裝備爬同樣的梯子。請問他的重力位能在何處有較大的改變？爲什麼？

5. 大多數的人造衛星是以橢圓形軌道（而非圓形）繞著地球運行，它在距離地球較遠時有較大的位能。根據能量守恆定律，衛星在距地球較近還是較遠時，會有比較大的飛行速率？

6. 爲什麼一輛小又輕的汽車，比一輛大又重的汽車省油？爲什麼汽車的流線型設計也能省油呢？

7. 爲什麼在汽車行駛時開冷氣，會增加汽油的用量呢？開著車燈行駛會比較費油嗎？把車停在停車場，關閉引擎，但打開汽車音響來聽音樂，對汽油的消耗會不會有影響？請從能量守恆的觀點來解釋。

8. 下面三種槓桿的理論機械利益分別是多少？

9. 你告訴你的朋友，從機械輸出的能量，不可能大於我們對機械輸入的能量，但他卻回答你，從核反應爐輸出的能量，遠大於我們輸入的能量。你該怎麼回應他的說法？

10. 我們生活所需的能量，來自以化學形式儲藏於食物裡的位能，它會在消化過程中轉換成另一種形式。如果有一個人他所輸出的功與熱，小於他所消耗的能量，會有什麼現象發生？如果他所輸出的功與熱，大於他所消耗的能量，又會有什麼現象發生？一個營養不良的人，可不可能在食物獲取不足的情況下費力地做功？請說明你的理由。

沙盤推演

1. 試計算以20牛頓的力推一台推車,使它運動3.5公尺所做的功。

2. 試計算把500牛頓的檳鈴,舉到離地高2.2公尺的地方所做的功。當檳鈴舉到這個高度時,具有多少重力位能?

3. 若果我們用2秒的時間,把前一題的檳鈴舉到2.2公尺,需要花費多大的功率?

4. (a)試計算把90牛頓的冰塊,垂直舉高3公尺所需的功。它具有多少位能?

   (b)當相同的冰塊,利用5公尺長的斜面,推到相同的高度時,只需施力54牛頓。試計算把這個冰塊從斜面往上推時所做的功。它具有多少位能?

5. 試計算當8百萬公斤的水從50公尺高的尼加拉瀑布落下來時,位能的變化量。

6. 如果尼加拉瀑布每秒落下8百萬公斤的水,則瀑布底端會有多少的功率可供使用?

7. (a)試計算一輛3公斤的玩具車,以4公尺/秒的速率移動時,具有多少動能。

   (b)當汽車的速率加倍時,動能變成多少?

8. 槓桿可以用來舉起重物。若用50牛頓的力,把槓桿的一端向下壓1.2公尺,則重物上升0.2公尺。請問重物的重量是多少?

9. (a)在採用滑輪組搬運一架5,000牛頓重的鋼琴時,搬運工人注意到,每當他往下拉2公尺的繩索,鋼琴就上升0.4公尺。理想的情況下,他需要出多大的力?

   (b)若搬運工人實際上得用2,500牛頓的力,才能讓鋼琴上升的

話，滑輪組的效率爲何？

10. 你的歐洲朋友很高興地告訴你，他的新車每公升汽油可以跑 15 公里。請你把這個數字換成每加侖跑的英里數。（提示：1 英里等於 1.6 公里；1 加侖等於 3.8 公升。）

實戰演練

1. 有一把鐵鎚從屋頂上掉下來，以某個動能打到地板上。若它改從四倍高的屋頂上掉下來，撞擊的動能會是原來的幾倍？撞擊速率又是原來的幾倍？（忽略空氣阻力）

2. 一部車從靜止加速到時速 100 公里需要 10 秒。假設從引擎輸出到車輪的功率增爲兩倍，則一樣從靜止加速到時速 100 公里需要多少秒？

3. 假設一輛汽車以時速 60 公里行駛，踩緊煞車之後滑行了 20 公尺。如果汽車是以時速 120 公里行駛，則在踩緊煞車之後會滑行多遠？（這是典型的汽車駕照筆試考題）

4. 假設一部車的引擎效率是 25%。當它在高速公路上行駛時，遭遇到 1,000 牛頓的阻力，請問每公升的汽油，可以讓這輛車在高速公路上行駛多少距離？已知每公升汽油含有 4,000 萬焦耳的能量。

5. 見右圖，左側滑輪的機械利益等於 1。如果改以右側圖所繪的方式來拉重物，則它的機械利益是多少？請以（1）把滑輪視爲槓桿，以及（2）考慮繩索的張力，來說明你的答案。

附錄 A　量度單位

本書主要採用「國際單位制」，也就是SI，做為量度單位。國際單位制是從法文 Systèm International 而來的，廣為全世界的科學家採用。國際單位制是公制單位自然發展的結果，雖然，對科學家來說，大家都很熟悉這套單位系統，然而對大多數的學生來講，並不熟悉。本書所採用的國際單位制如下：

公尺

公尺（m）是國際單位制裡的長度單位。公制單位裡的長度標準，起初是以北極到赤道的距離來定義的，這個距離大約是1千萬公尺，所以1公尺就等於北極到赤道距離的1千萬分之一。更精確的定義是，光在真空中行走1/299,792,458分之一秒的距離。

其他常見的國際單位制長度單位，如公分、公釐、公里等都是以公尺為基準。

$$1公分（cm）= 1/100 公尺$$

$$1 公釐（mm）= 1/1000 公尺$$
$$1 公里（km）= 1000 公尺$$

　　1公尺比1碼稍長些，等於3.28英尺或39.37英寸。此外，1.609公里等於1英里。

公斤

　　公斤（kg）是國際單位制裡的質量單位，它是依照保存在法國國際度量衡局（International Bureau of Weights and Measures）裡的一個鉑銥合金圓柱所定義的。公斤的原始定義是1公升（1000立方公分）的水，在密度最大時（現在已知是4℃）的質量。其他常見的質量單位是公克與毫克。

$$1 公克（g）= 1/1000 公斤$$
$$1 毫克（mg）= 1/1000 克$$
$$= 1/1000000 公斤$$

　　1英磅重的物體質量等於0.454公斤。質量1公斤的物體，在地表的重量是2.2英磅重。

秒

　　秒（s）是國際單位制裡的時間單位。西元1956年以前，人們使用一個平均太陽日的長度來定義「秒」。所謂的一個平均太陽日是指

24小時，每一小時分為60分鐘，而每一分鐘可以再分為60秒。因此，一天有86,400秒，而1秒的定義就是一個平均太陽日的1/86,400。由於人們發現地球的自轉速率正在減緩中，所以大家逐漸對這個定義感到不夠滿意。1956年，科學家選擇以1900年的平均太陽日為基準來定義「秒」。1964以後，秒的定義正式被改成銫133的原子鐘振動9,192,631,770次所需的時間。

牛頓

牛頓（N）是國際單位制裡的力的單位，這是以牛頓（Isaac Newton）之名命名的。1牛頓是指可以讓質量1公斤的物體，產生每平方秒1公尺加速度的力。

1牛頓的力稍小於1/4英磅重，更精確地說，1牛頓約等於0.225英磅重或0.1公斤重。

焦耳

焦耳（J）是國際單位制裡的能量單位，這是以焦耳（James Joule, 1818-1889，英國物理學家）之名命名的。1焦耳是指1牛頓的力，作用1公尺所做的功。

功率單位是從能量單位導出來的。功率是指能量的消耗率，功率單位中的1瓦特（W），等於每秒做1焦耳的功，而千瓦（kW）就是1000 W。根據功率的定義，我們推論出能量可以用功率與時間的乘積來表示。電能就常常以千瓦一小時表示。

$$1 \text{ 千瓦一小時} (kW \cdot h) = 3.60 \times 10^{6} \text{ 焦耳}$$

「馬力」是一個常用來表示引擎輸出功率的單位，1馬力等於746瓦。另一個常用來表示熱能的單位是「卡」，1卡等於4.184 焦耳。

安培

安培（A）是國際單位制裡的電流單位，是以安培（André-Marie Ampère, 1775-1836，法國物理學家）之名命名的。本書對安培的定義，是每秒流過1庫侖電量的電流大小，也就是每秒流過6.24 $\times 10^{18}$個電子。正式的官方定義中，1安培是指可以讓兩條在真空中相距1公尺的無限長直導線（忽略截面積大小），彼此之間產生每公尺 2×10^{-7}牛頓的力。

K

K是國際單位制裡的溫度單位，這是以凱氏（Load Kelvin, 1824-1907，英國物理學家）之名命名的。1K的定義，是指從絕對零度（可能達到的最低溫度）到水的三相點（在某個壓力下，冰、液態水與水蒸氣三態共存的溫度）之間溫度變化的1/273.16，以K表示，而不是度K（或 °K）。在一大氣壓下，冰的熔點是273.15 K，水的三相點是273.16 K，純水的沸點則是373.15 K。在水的熔點與沸點之間，共有100K，攝氏溫標在這兩點之間，也是有100個刻度，所以攝氏1度的溫度變化量，與1K的溫度變化是一樣的。

　　華氏1度的溫度變化量比較小一些。華氏1.8度的溫度變化，才等於1K或是攝氏1度的溫度變化。因此，華氏溫標在水的熔點與沸點之間，共有180個刻度（從32到212）。

面積與體積的測量

面　積

　　面積是指一個表面的大小。面積的量度，是以一個邊長為單位長度的正方形面積為單位。在國際單位制裡，面積的單位是平方公尺（m^2），1平方公尺等於邊長1公尺的正方形面積。較小的面積單位，可以用邊長為公分的正方形面積表示，也就是平方公分（cm^2）。

　　長方形的面積，等於它長度與寬度的乘積。圓面積等於πr^2，其中π等於3.14，r則是該圓的半徑。其他形狀的面積計算公式，可以從幾何學的教科書中查到。

　　1平方公尺等於10.76平方英尺。

體　積

　　體積是指物體占據的空間。體積的量度，是以邊長為單位長度的正立方體體積為單位。在國際單位制裡，體積的單位是立方公尺（m^3），這在日常生活裡，是個相當大的量。比較小的體積單位，是邊長為公分的正立方體，也就是立方公分（cm^3），1立方公分相當於質量1公克的水，在4°C時的體積。

　　1公升（1）相當於1000 cm^3，常用來表示液體的體積。1公升等於1.057夸脫。在美國，1加侖（等於4夸脫）有3.785公升。

附錄 B　物理中的單位運算

在科學裡，量是以數字再加上量度的單位來表示的，而「一個單位」，也可以由其他單位組合而成。例如，加速度的單位是公尺／秒^2。量可以由實際量度產生，也可以從量度的結果，再經過計算而產生。各個量之間，有的可以加、減、乘、除做四則運算。在這些量的數學運算中，則有一些規則可以處理數字與量度單位。

加

當你要把幾個量相加時，所有的量都必須採用相同的單位。當然，相加所得出來的和，在單位上也會一樣。

例如：

$$（4 公尺）＋（8 公尺）＋（3 公尺）＝15 公尺$$

減

當你要從某個量中減去另一個量時，兩個量也必須使用相同的單位。當然，相減出來的差，在單位上也會一樣。

例如：

$$（5.2 \text{ 秒}）- （3.8 \text{ 秒}）= 1.4 \text{ 秒}$$

乘

量在相乘的運算上，並不需要有相同的單位。在計算上，數字直接相乘；單位的乘法，則視它們為代數中的變數來計算。

不論單位是中文還是英文縮寫，我們都在兩個單位之間加上一個黑點表示相乘。

例如：

$$（3 \text{ 牛頓}）\times （2 \text{ 公尺}）= 6 \text{ 牛頓} \cdot \text{公尺}$$
$$（3 \text{ N}）\times （2 \text{ m}）= 6 \text{ N} \cdot \text{m}$$

當相乘的量有相同的單位時，則在該單位的右上角，寫上 2 表示平方單位，寫上 3 表示是立方單位。這些在右上方的數字，就是數學上大家所熟悉的指數。

例如：

$$（3 \text{ 公尺}）\times （2 \text{ 公尺}）= 6 \text{ 公尺}^2 = 6 \text{ 平方公尺}$$
$$（3 \text{ m}）\times （2 \text{ m}）= 6 \text{ m} \cdot \text{m} = 6 \text{ m}^2$$

$$（3 \text{公尺}）\times（2 \text{公尺}）\times（4 \text{公尺}）= 24 \text{公尺}^3 = 24 \text{立方公尺}$$

$$（3\,\text{m}）\times（2\,\text{m}）\times（4\,\text{m}）= 24\,\text{m} \cdot \text{m} \cdot \text{m} = 24\,\text{m}^3$$

除

　　量在相除的運算上，也不需要有相同的單位。在計算上，數字直接相除；單位的除法，同樣把它們視做代數中的變數來計算。

　　不管是中文還是英文縮寫，我們都以分數表示相除後的單位。

例如：

$$（100 \text{公里}）\div（2 \text{小時}）= \frac{100 \text{公里}}{2 \text{小時}} = 50 \text{公里／小時}$$

$$（100\,\text{km}）\div（2\,\text{h}）= \frac{100\text{km}}{2\text{h}} = 50\text{km/h} \text{。}$$

若是相除的兩個量有相同的單位，則兩個單位會相消，結果的商是沒有單位的。

例如：

$$（6\,\text{m}）\div（3\,\text{m}）= \frac{6\,\text{m}}{2\,\text{m}} = 2$$

複雜的乘法與除法

　　在乘法中，如果量的單位是其他以商形式表示的單位，就把它們當作代數中的變數一樣計算。如果分子與分母有出現相同的單位，則可相消。

例如：

$$(25\text{公尺／秒}) \times (6\text{秒}) = 25 \times 6\,\frac{\text{公尺}\cdot\text{秒}}{\text{秒}} = 150\text{公尺}$$

$$(25\text{ m/s}) \times (6\text{ s}) = 25 \times 6\,\frac{\text{m}\cdot\text{s}}{\text{s}} = 150\text{ m}$$

在除法中，如果量的單位是其他以商形式表示的單位，最好是以分子、分母來表示，也就是被除數是分子（寫在上面），除數是分母（寫在下面）。數字本身相除，單位也以代數中的變數規則來運算。

例如：

$$(8.2\text{公尺／秒}) \div (2.0\text{秒})$$

$$= \frac{8.2\text{公尺/秒}}{2.0\text{秒}}$$

$$= \frac{8.2}{2.0} \cdot \frac{\text{公尺}}{\text{秒}\cdot\text{秒}} = 4.1\text{公尺／秒}^2$$

請注意，當有兩個秒單位在分母中相乘時，讀做「每秒平方」，而不是「每平方秒」。相同的道理，單位 m/s^2 讀作「公尺每秒平方」。

科學記號

在表示很大或很小的數目時，使用數學上的縮寫是很方便的。例如40,000,000可以表示成4乘上10、再乘上10、再乘上10……總共乘上7次。所以，40,000,000這個數便可以簡短地表示成4×10^7。

　　而 0.0004 則可以想成是把 4 連續除以 10 共四次。所以，0.0004 可以簡短地以 4×10^{-4} 表示。因此：

$$2 \times 10^5 = 2 \times 10 \times 10 \times 10 \times 10 \times 10 = 200000$$

$$5 \times 10^{-3} = \frac{5}{10 \times 10 \times 10} = 0.005$$

　　這些以較簡短方式表示的數，我們稱為科學記號。

$$1\,000000 = 10 \times 10 \times 10 \times 10 \times 10 \times 10 \qquad = 10^6$$
$$100000 = 10 \times 10 \times 10 \times 10 \times 10 \qquad = 10^5$$
$$10000 = 10 \times 10 \times 10 \times 10 \qquad = 10^4$$
$$1000 = 10 \times 10 \times 10 \qquad = 10^3$$
$$100 = 10 \times 10 \qquad = 10^2$$
$$10 = 10 \qquad = 10^1$$
$$1 = 1 \qquad = 10^0$$
$$0.1 = 1/10 \qquad = 10^{-1}$$
$$0.01 = 1/100 \qquad = 10^{-2}$$
$$0.001 = 1/1000 \qquad = 10^{-3}$$
$$0.0001 = 1/10\,000 \qquad = 10^{-4}$$
$$0.00001 = 1/100\,000 \qquad = 10^{-5}$$
$$0.000001 = 1/1\,000\,000 \qquad = 10^{-6}$$

　　我們以科學記號來表示一些物理中常見的量，見下表。

表 B.1：物理學中某些重要的數值
真空中的光速 ＝ 2.9979×10^8 公尺／秒
地球到太陽的平均距離
（1 個天文單位）＝ 1.50×10^{11} 公尺
地球到月球的平均距離 ＝ 3.84×10^8 公尺
太陽的平均半徑 ＝ 6.96×10^8 公尺
木星的平均半徑 ＝ 6.99×10^7 公尺
地球的平均半徑 ＝ 6.37×10^6 公尺
月球的平均半徑 ＝ 1.74×10^6 公尺
氫原子的平均半徑 ＝ 5×10^{-11} 公尺
太陽的質量 ＝ 1.99×10^{30} 公斤
木星的質量 ＝ 1.90×10^{27} 公斤
地球的質量 ＝ 5.98×10^{24} 公斤
月球的質量 ＝ 7.35×10^{22} 公斤
質子的質量 ＝ 1.6726×10^{-27} 公斤
中子的質量 ＝ 1.6749×10^{-27} 公斤
電子的質量 ＝ 9.11×10^{-31} 公斤
電子的帶電量 ＝ 1.602×10^{-19} 庫侖

附錄C　作 圖

圖 —— 用來表示量之間的關係

　　圖與方程式或表格一樣，可以表示出兩個或兩個以上的量之間的關係。在物理的研究工作中，有很大部分要用到量之間的關係，因此，方程式、表格與圖對物理而言，都是很重要的工具。

　　方程式是表達量之間的關係最簡潔的方式。例如方程式 $v = v_0 + gt$ 很簡潔地了描述了自由落體的速度，與初速度、重力產生的加速度及時間三者之間的關係。方程式是各個量之間關係的簡略表達方式。

　　表格是把各個量的數值列表出來的結果。在自由落體的公式 $v = v_0 + gt$ 中，速度對時間的變化關係，可以用表格列出不同時間的速度值，第2章的表2.2便是一個例子。當各個量之間確實的數學關係還未知，或是對於數值的準確度要求很高時，表格是很有用的工具。此外，在實驗數據的紀錄上，表格也非常好用。

　　圖則是以視覺的方式，來表示各量之間的關係。觀察圖的樣子，我們可以很快掌握各量之間的關係。圖可以幫助我們釐清方程

式，或是隱藏在表格內的數字背後的意義。此外，在還無法確知方程式以前，對於顯示變數之間的關係，圖也是非常有幫助的，這也是爲什麼我們常以圖來表示實驗數據的原因。

除此之外，圖還有另一個用處。如果圖上標繪有足夠多的點，我們便可以根據現有的點，估計出在既有的點之間某未知數的值（內插法），或是接續在已知的點後面的下一個數值（外插法）。

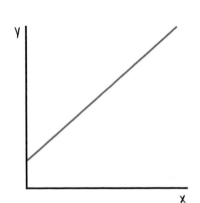

▲圖C-1

笛卡兒坐標

在科學上，最普通、也最有用的圖是笛卡兒坐標。在笛卡兒坐標中，我們在垂直的軸上（稱爲y軸），標出某個變數的可能數值，再把另一個變數的可能值，表示在水平軸（x軸）上。

圖C-1表示兩個彼此成正比的變數（x與y）。正比是一種線性關係，在圖上是一條直線，因此是最容易解釋的圖。圖C-1中，這條由左而右逐漸升高的直線告訴我們，當x的值增加時，y的值也會隨著增加。更精確地說，y隨著x以一個恆定的變化率逐漸增加。當x加倍時，y也跟著加倍；當x增爲三倍時，y也跟著增爲三倍。這種成正比的圖，圖中的直線會通過原點，也就是在左下方x＝0與y＝0的點。

圖C-2是方程式 $v = v_0 + gt$ 的圖，我們把速度v標示在y軸上，時間t標在x軸上。如你所看到的，v與t在圖上所顯示出來的是線性關係。

然而，許多重要的物理關係式，都比線性關係還來得複雜。如果你讓房間的長寬加倍，地板的面積會是原來的四倍；若是讓房間的長寬變爲三倍，地板面積會變爲九倍，這就是一個非線性關係的

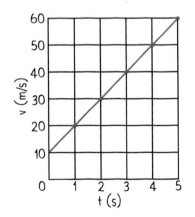

▲圖C-2

例子。圖 C-3 表示另一個非線性關係：自由落體的下落距離與時間的
關係（d = 1/2 gt²）。

　　圖 C-4 是一條輻射曲線。這條曲線（或圖）顯示出一個相當複雜
的非線性關係：輻射強度 I 與輻射波長 λ 在溫度 2000 K 時的關係。
這個圖告訴我們，當波長等於 1.4 μm 的時候，輻射的強度最強。請
問輻射在 0.5 μm 還是 2.0 μm 時比較強？根據這個圖，你可以很快地
看出來，輻射在 2.0 μm 時強度較強。

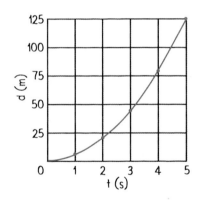

▲ 圖 C-3

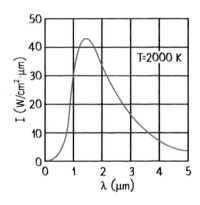

▲ 圖 C-4

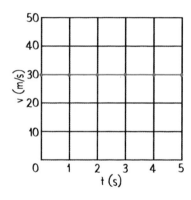

▲ 圖 C-5

斜率與曲線下面積

　　我們也可以從圖的斜率或是曲線下的面積，得出各個量之間的
關係。圖 C-2 中的斜率，表示速度 v 隨著時間 t 的變化率。斜率的
值，可以由 y 軸上的變化量 Δv 除以 x 軸上的變化量 Δt 得出來。例
如，把 30 公尺／秒的 Δv 除以 3 秒的 Δt，得出 Δv／Δt = 10 公尺／秒²，
就是因重力而產生的加速度。再來看看圖 C-5，圖中水平直線的斜率

爲零，表示該運動的加速度爲零，即一個等速率運動。這個圖顯示出在整個 5 秒鐘時間內，物體的運動速率一直都保持在 30 公尺／秒。速率相對於時間的變化率（或說是斜率）若等於零，表示速率沒有改變。

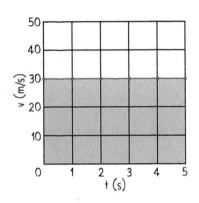

▲ 圖 C-6

曲線或直線下的面積是圖的另一個特色，往往存在著一些物理意義。我們來看看圖 C-6 這個 v-t 圖直線下的面積。陰影部分的矩形面積等於寬 30 公尺／秒與長 5 秒的乘積，計算後的答案爲 150 公尺。面積在這個例子裡的意義，是物體以等速率 30 公尺／秒運動 5 秒後的距離（d ＝ vt）。

這個面積不一定得是個矩形。v-t 圖直線（曲線）下的面積所代表的意義，就是物體在某段時間內所走的距離。同樣地，在加速度對時間（a-t）的關係圖中，直線（曲線）下方的面積便是某段時間內的速率變化量了。在力對時間（F-t）的關係圖中，直線（曲線）下方的面積，等於物體的動量變化量。（那麼請問在力對距離的關係圖中，曲線下方面積代表什麼意義？）對於非常複雜的曲線下的非矩形面積，我們便需要用數學裡最重要的一門分支——微積分，來求這些不規則面積的大小了。

用物理觀念來繪圖

你也會從《觀念物理》這門課程的實驗部分，學會如何使用電腦來幫你蒐集資料。別誤會喔！當你使用電腦繪圖軟體幫你繪圖時，可不表示你可以偷懶。相反地，你應該利用電腦軟體幫你省下一些原本花在畫坐標軸與描點的時間與精力，用來探索圖裡所顯示的意義，也就是運用你更高階的思維！

Question

圖 C-7 表示一個球掉進垂直礦坑中的情形。

1. 這個球花了多久的時間才掉到礦坑底？

2. 當球抵達礦坑底部時，速率是多少？

3. 圖中逐漸減少的斜率，向你透露出什麼與加速下落的球的加速度有關的訊息？

4. 這個球在抵達坑底之前，是否已經達到終端速率了？如果是的話，它花了多久的時間才達到終端速率？

5. 這個礦坑的深度大約有多少？

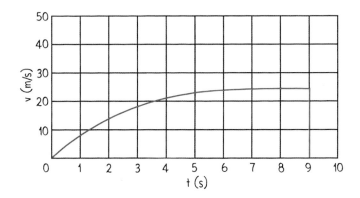

Answer

1. 9秒。

2. 25 公尺／秒。

3. 隨著速率的增加，加速度逐漸減小（因為空氣阻力的緣故）。

4. 是的（因為斜率逐漸減少到零），大約7秒。

5. 深度大約是170公尺。（圖中曲線下的面積大約有17個方格，每一格代表10公尺。）

附錄 D　力學的向量應用

附錄 D 主要在闡釋第 3 章與第 5 章裡所介紹的向量觀念。在此我們用一個非常迷人的例子來解釋向量的觀念：逆風行駛的帆船。使用向量觀念來解釋這兩個例子，需要融合許多物理與幾何學的知識。

水手們都知道帆船可以在順風中航行。哥倫布那艘發現新大陸的船，主要就是設計於順風的條件下航行的。直到現代，水手才知道帆船也可以在逆風中航行，結果，各式各樣的帆船紛紛出現，利用「切入」逆風的方式，使航行的速度比順風時還要快。早期的水手不知道這個可能性，或許是因為他們不了解向量與向量分量的緣故。很幸運地，我們了解向量，且今日的帆船比起從前來說更容易操作。

要了解如何在逆風中駕駛帆船，我們得先從順風這個簡單的情形開始談起。圖 D-1 畫出了風吹在帆上的力 F，這個力有使船增加航行速率的傾向。假如沒有阻力（主要是水的阻力）的話，船速幾乎會與風速相同。（船速永遠不可能快過風速，因為在這個情形下，風與帆便不會有相對速度，此時帆會鬆垮下來，原本的力也會縮小

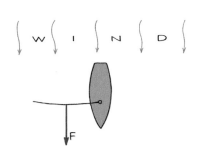

▲圖 D-1

爲零。）值得注意的是，當船速愈來愈快時，力 F 會愈來愈小，因此我們了解到，在順風下航行的帆船，絕對不會快過風速。

如果帆的方向是像圖 D-2 左邊的圖那樣，那麼船會以較慢的速率前進，理由有二。首先，因爲在這個角度下，帆「攔截」下來的風比較少，其次，風力作用在帆的方向，不是船航行的方向，而是與帆面垂直的方向。一般說來，當流體（包括液體與氣體）與某個平滑表面有交互作用時，力會作用在垂直於該表面的方向。然而在這個情形下，船並不會朝著力 F 的方向前進，因爲船的龍骨跟魚鰭的形狀一樣，深深地插在水裡，就像一把刀子在水裡畫過一樣，使船不容易沿側邊方向移動。

我們可以像圖 D-2 右邊的圖那樣，把力 F 分解成兩個互相垂直的分量，來了解帆船的運動情形。較爲重要的分量，是與龍骨平行的分量，我們在圖中把它標示爲 A，是推動船前進的分量。另一個分量 B 沒什麼用處，它只可能把船吹翻，或把它吹離航線。這個會把船吹翻的力，會被又深又重的龍骨所抵消。再一次強調，船的最大速率，只可能接近風速而已。

當船的龍骨不是直直地指向順風方向，而且我們把帆的方向做

◀ 圖 D-2

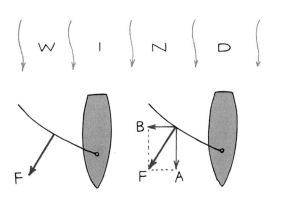

適當的調整後，就可以讓船的速率大於風速。讓帆以某個角度橫切過風（如圖D-3），此時風會一直吹動著帆，讓船前進，甚至在船速達到風速後，風對帆還是存在有推力；衝浪者就是利用相似的方法，來讓自己的速率大於推他前進的水波速率。當與推進力（風之於船、水波之於衝浪板）的夾角愈大時，物體前進的速率就愈大。你現在能否看得出來，為什麼船在橫切於風時，反而比順風航行有較大的船速？

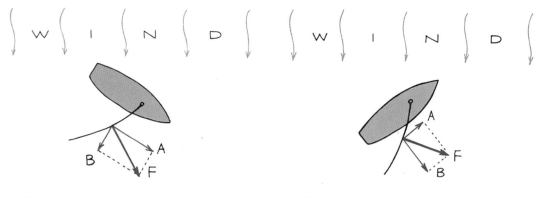

▲圖D-3　　　　　　　　　　　　　　　　　▲圖D-4

　　對於不懂向量觀念的人來說，這真是再奇怪不過了，最大的船速竟會發生在切入風裡時的某個角度，也就是當船幾乎逆風航行時（如圖D-4）！雖然船不是剛剛好逆風，它還是能以Z字形的方式，來來回回地逆風航向目的地，這就是所謂的「搶風調向」。隨著船速的增加，風與帆的相對速度不但沒有減少，反而會增加，因為風對帆的推力會增大。（假如你在斜飄著雨的戶外跑步，當你逆著雨勢跑過去時，雨滴打在你身上的力，會大於你順著雨勢跑時雨滴打在你身上的力！）在船逆風做Z字形航行而船速愈快時，風與帆之間

的力 F 也就愈大，因此分量 A 還是會持續地把船推向欲前進的方向。當風的推力與反方向的力（主要是水的阻力）兩者相等時，船會達到「終端速率」，而不會再增快速率。

讓人可以在冰上滑行的冰船，並不會受到水的阻力，且當它們以「搶風調向」的方式逆風前進時，速率可高達風速的數倍之多。它們會達到終端速率，並不是因為阻力的緣故，而是因為風向會隨著船隻的運動而改變。當冰船達到終端速率時，風最終會以平行帆面的方向吹拂，而不再與帆垂直。本附錄無法再深入討論複雜的細節，也忽略對帆面曲率的討論，雖然這對帆船或冰船的速率有很大的影響。

在此關於帆船的討論，最重要的觀念是向量，它開闢了快速帆船（clipper chip）的紀元，也引發了航海工業的革命。航海也跟其他大多數的事物一樣，當你能了解事物運作背後的道理時，你會更能享受其中的樂趣。

圖片來源

本書卡通插畫，皆由作者休伊特（Paul Hewitt）所繪

取自英文原著照片，作者提供：

　　1.4, 6.15, 7.9, 8.3

中文版附圖，購自富爾特影像圖庫：

　　1.1, 2.1, 2.10, p.62下圖, 3.18, 5.2, 5.4, 5.11, 8.1, p.190下圖, p.194, p.204

中文版附圖，邱意惠繪：

　　3.9, 5.8, 5.12, 7.5右圖

為你打下
最堅實的化學基礎

搞清化學觀念，
就從《觀念化學 I》開始！

觀念化學 I：基本概念・原子

蘇卡奇 著　葉偉文 譯

■定價 400 元　■書號 WS085

　　你知道，大地、天空和海洋是什麼構成的嗎？你好奇雨水坑怎麼會乾涸，食物怎麼變為人所需的營養與熱量嗎？要解釋這些問題，沒有化學可不行！因為任何摸得到、見得著、可品嚐、可聞嗅、可聽得的東西，都跟化學有關係！

　　如果我說，你呼吸的空氣是一種溶液；你喝的水，絕不可能是「純水」；你跟心愛的人再怎麼緊密擁抱，都是有距離的；不管你幾歲，構成你身體的原子都跟宇宙洪荒一樣老，你會不會嚇一跳？

　　這一切不可思議的事實，只要用化學原理簡單解釋，你就能完全明白。

　　《觀念化學 I》要帶你從生活中進行探索，教會你用化學之眼看世界！

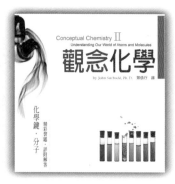

教你認識分子，體悟化學

從《觀念化學 II》看見微小分子，
瞭解宇宙萬物。

觀念化學 II：化學鍵‧分子

蘇卡奇 著　蔡信行 譯

■定價 400 元　■書號 WS086

　　如果有人告訴你，他開發了一種持久香水，原理是他找出了不會揮發的
香精，你相信這個說法嗎？要放進魚缸裡的水，絕對不能經過煮沸再冷
卻，原因是什麼你知道嗎？想減少鈉離子攝取量的人，不適於飲用軟水，
這又是什麼道理？

　　我們在生活中遇到的問題，已經不是用簡單的邏輯推理就可以解答了，
一定要有一點科學知識，才能讓我們遇到問題時能從容判斷。而化學，正
是解釋這奇妙世界最有用的工具。

　　《觀念化學 II》帶領讀者瞭解原子、分子這些小到看不的東西，理解它
們基本的運作原理，進而知道我們這個廣大世界，到底隱藏了什麼奧祕！

助你掌握最重要的化學反應

讀完《觀念化學 III》，化學反應一把抓。

觀念化學 III：化學反應

蘇卡奇 著　蔡信行 譯

■定價 400元　■書號 WS087

　　大家都知道，長期暴露在苯中可能致癌；常用的止痛藥阿斯匹靈含有苯環，是不是表示長期服用阿斯匹靈也會有致癌的危險？

　　臭氧層變薄會增加皮膚癌的罹患率，為什麼我們不直接用臭氧把遭破壞的臭氧層補起來？

　　水的質量中有88.88％是氧，氧正是火燃燒得更亮更旺所需的元素，那麼為什麼把水加到火中，火不會燒得更亮更旺？

　　這些可不是腦筋急轉彎的問題，而是不懂得化學的人，真的會有的疑惑。《觀念化學III》巧妙講解化學反應的原理，不僅讓你懂化學，更能用化學知識排疑解惑！

給你最切身相關的實用化學

《觀念化學 IV》帶你重新認識你的身體，
要你吃得安心、活得健康！

觀念化學 IV：生活中的化學

蘇卡奇　著　李千毅　譯

■定價400元　■書號 WS088

　　要打造一身健美肌肉，為什麼吃下一盤義大利麵，效果比一大塊牛排來得好？什麼樣的飲食法則，可以幫助脂肪燃燒，有助身材窈窕？

　　你認為，在午後來杯香醇的咖啡，是放鬆了身心，還是增加了壓力？而在心情好時小酌一杯，會讓人愈喝愈High，還是抑制了神經反應？

　　如果你瞭解進入我們身體的化學分子怎麼發生作用，你就會知道，那些讓人「快樂似神仙」的香菸、安非他命，最好是敬而遠之！而熱門的「有機栽培」與「基因改造」食品，則應該要謹慎選擇。擁有健康身心、美好生活的實用知識，就在《觀念化學 IV》！

讓你的明天有無限可能

環境惡化、資源短缺，但科學不斷進步；
《觀念化學 V》有你不能輕忽的未來生存關鍵！

觀念化學 V：環境化學

蘇卡奇 著　李千毅 譯

■定價 400元　■書號 WS089

在過去，有許多材料的發明，不僅改變了發明者的一生，還決定了大戰役的勝負。到底是哪些偶然的發現、意外的結果，讓固特異聲名大噪、讓伊士曼成為照相軟片的代名詞？如果你對這些人、這些事覺得好奇，《觀念化學 V》將讓你認識各種平凡的材料背後，有什麼不凡的故事！

在未來，環境的惡化與資源的短缺，將大大改變我們的生活。如果你擔心油價變成天價、不想過著缺水的生活；如果炎夏不斷飆高的氣溫讓你覺得不舒服；或者你有長遠的眼光，知道對環境無害的產品將有無限的商機，請把你的目光照過來，《觀念化學 V》讓你的明天有無限可能！

令人愛不釋手的
生物學入門書

2002年中時開卷年度十大好書（翻譯類）
1996年美國醫學作家協會圖書首獎

觀念生物學 1

霍格蘭、竇德生　著　李千毅　譯

■定價 400元　■書號 WS036

　　長久以來，對於可能製造生命的分子，以及生命如何演化成今日瑰麗的各樣形式，一般人所知甚少，《觀念生物學1、2》以聰明、愉悅的方式，揭開了這層面紗。

——華森（James D. Watson），DNA結構發現者

　　「高高在上」的你和微不足道的細菌，都用著同樣的DNA語言、指揮生命的運作。全世界的甲蟲約有30萬種，儘管它們表面的色澤、花紋、圖樣不同，但都有著頭、胸、腹的基本結構。細菌、玉米、青蛙、大象、人類，多麼不一樣的生物啊，但它們的細胞竟然使用共通的「能量貨幣」！任生物世界再怎樣繽紛，全都在16種生命共通的模式下一視同仁。

載滿驚歎號的生物世界之旅！

2002年中時開卷年度十大好書（翻譯類）
1996年美國醫學作家協會圖書首獎

觀念生物學 2

霍格蘭、竇德生　著　李千毅　譯

■定價 400元　■書號 WS037

《觀念生物學1、2》是治癒生物盲的解藥。它能激發我們了解，所有的生物是如何息息相關，每個生命都有共通的東西。

　　　　　　——穆雷（Joseph Murray），1990年諾貝爾生理醫學獎得主

　　你去過阿羅瑪多娜專賣店嗎？那裡賣的甜甜圈不僅口味眾多，還敘說著DNA如何解碼成蛋白質的故事。讓一群猴子隨意亂敲電腦鍵盤，有沒有可能突然出現一首莎士比亞的十四行詩呢？生命究竟有沒有可能偶然發生？

　　生命是一個又一個的迴路，周而復始，循環不已。生命從一到多，由簡到繁，一路悠悠走過漫長的40億年。今天的世界充滿物種的多樣性，但演化仍保留著生命起源的蛛絲馬跡，供人們去探索。

生物世界的
發現之旅！

《中國時報》開卷版一週好書

觀念生物學3 ── 循環‧網絡‧複雜

霍格蘭、竇德生、尼達姆、麥克佛森 著 李千毅 譯

■定價 320元 ■書號 WS071

《觀念生物學1、2》曾引領我們遍覽了貫穿生物世界的16種模式。

現在，《觀念生物學3、4》要帶您踏入鏡中世界，造訪地球上最微小卻最充滿生命力的隱形居民 ── 微生物。

其實，我們能活在這世界上，都多虧了微生物的幫忙。微生物是推動碳、氮、氧等物質循環的幕後功臣，也是把所有生命連結成複雜網絡所必需的「黏膠」。說它們是地球生物圈的守護神，一點也不為過！這些小傢伙也是所有生物的老祖宗呢。

想知道這個世界是怎麼運作的，生命又是如何從簡單的單細胞演變得如此繽紛複雜嗎？請繼續瞧瞧《觀念生物學3 ── 循環‧網絡‧複雜》吧！

認識人類的親密夥伴

《中國時報》開卷版一週好書

觀念生物學4——共生·平衡·互利

霍格蘭、竇德生、尼達姆、麥克佛森 著　李千毅 譯

■定價 320元　■書號 WS072

　　在《觀念生物學3》，我們初步揭開了微生物的神祕面紗，《觀念生物學4》將揭露微生物的另一面。

　　原來，這些隱形的小傢伙不全是善類。有些病菌就是喜歡找碴，給我們帶來各種疾病。隨著科學與醫療的進步，這場人菌大戰也愈演愈烈。人類好不容易在二十世紀發現了抗生素，取得優勢，但微生物緊接著就發展出抗藥性來對付。究竟我們有沒有辦法戰勝微生物？《觀念生物學4》有獨到的見解。

　　隨著對微生物愈來愈了解，我們漸漸進入與微生物合夥的新關係，利用它們的技能來解決種種難題，例如治療與預防疾病、餵養愈來愈龐大的人口、清理汙染的環境。

這本書應該列為禁書！

本書內容過於清晰、搞笑，
可能危及微積分『讓學生當掉重修』
這歷久不衰的重要功能

微積分之屠龍寶刀─笑傲極限、連續、導數、積分法

亞當斯　等著　師明睿　譯

■定價 320元　■書號 WS042

　　不管你是理工科系的學生，還是學商、國貿、經濟，可能都有這樣的微積分修課經驗：無論多麼專心聽講，教授講的內容你仍然聽不懂。

　　本書作者試圖告訴讀者：「千萬不要誤以為聽不懂全是自己的錯！」

　　《微積分之屠龍寶刀》並非正式教科書，除了著重觀念的解釋之外，它還會告訴讀者微積分該怎麼教、好老師該怎麼找、期末考該怎麼考，目的就是希望幫助讀者更容易了解一般教科書裡的精髓。

倚天不出，
誰pass眾生？

亞當斯、哈斯、湯普森三人組，
終於重出「微積分江湖」，解救危機！

微積分之倚天寶劍—打遍泰勒級數、多重積分、
偏導數、向量微積分

亞當斯 等著　師明睿 譯

■定價 360元　■書號 WS043

　　本書是《微積分之屠龍寶刀》續集，內容從瑕積分、極座標、無窮級數的收斂、空間向量，到參數曲線、多變數函數、偏導數、多重積分、向量場。想換一種方式，理解這些令人頭疼的課題嗎？歡迎你拿起《微積分之倚天寶劍》，跟隨三位寶貝作者的腳步，一同披荊斬棘，度過危機。

邀你一同前往，
閱讀微積分

這本書，是為了那些
把微積分當成人類思想成就
而想要去了解的男男女女

微積分之旅

伯林斯基 著　陳雅茜 譯

■定價 280元　■書號 WS018

　　不論物理學家怎麼說，空間與時間似乎總是永無盡頭，意想中的每個「極限」都是一個誘惑，邀請你往更加深遠之處探索。由於微積分，「無限」首度受到它的魅惑而順從，以它的豐盛臣服在簡樸的「極限」觀念之下，而平凡生命所存在的時間與空間，透過數學函數而相互調和。混亂的「速率」，喘息地拜倒在絕妙的公式腳下，它急匆匆的運動過程於是成為「時間」的函數。曲線下頑強的「面積」，最終也向數字的規則俯首稱臣。這是一趟充滿歐洲古典風情的微積分之旅，帶領你體驗微積分的精實內涵、想像力的豐美。

國家圖書館出版品預行編目資料

觀念物理 I：牛頓運動定律‧動量／休伊特（Paul G.
Hewitt） 著；常雲惠譯. -- 第二版. -- 臺北市：天下遠見，
2008.06
面；公分. -- （科學天地；201）
譯自：Conceptual physics : the high school
physics program, 2nd ed.
ISBN 978-986-216-145-6（平裝）

1.物理學 2.教學法 3.中等教育

524.36 　　　　　　　　　　　　　　　　97009586

典藏天下文化叢書的 **5** 種方法

1. 網路訂購
歡迎全球讀者上網訂購，最快速、方便、安全的選擇
天下文化書坊 www.bookzone.com.tw

2. 請至鄰近各大書局選購

3. 團體訂購，另享優惠
請洽讀者服務專線 (02) 2662-0012 或 (02) 2517-3688 分機 904
單次訂購超過新台幣一萬元，台北市享有專人送書服務。

4. 加入天下遠見讀書俱樂部
■ 到專屬網站 rs.bookzone.com.tw 登錄「會員邀請書」
■ 到郵局劃撥 帳號：19581543 戶名：天下遠見出版股份有限公司
　（請在劃撥單通訊處註明會員身分證字號、姓名、電話和地址）

5. 親至天下遠見文化事業群專屬書店「93巷‧人文空間」選購
地址：台北市松江路93巷2號1樓 電話：(02) 2509-5085

科學天地 201

觀念物理 I

牛頓運動定律・動量

原　　著／休伊特
譯　　者／常雲惠
顧 問 群／林和、牟中原、李國偉、周成功
系列主編／林榮崧
責任編輯／王季蘭
封面設計暨美術編輯／江儀玲

出 版 者／天下遠見出版股份有限公司
創 辦 人／高希均、王力行
遠見・天下文化・事業群　董事長／高希均
事業群發行人／CEO／王力行
天下文化編輯部總監／林榮崧
版權暨國際合作開發協理／張茂芸
法律顧問／理律法律事務所陳長文律師　　著作權顧問／魏啟翔律師
社　　址／台北市104松江路93巷1號2樓
讀者服務專線／（02）2662-0012　　傳真／（02）2662-0007 2662-0009
電子信箱／cwpc@cwgv.com.tw
直接郵撥帳號／1326703-6號 天下遠見出版股份有限公司

電腦排版／凱立國際資訊股份有限公司
製 版 廠／凱立國際資訊股份有限公司
印 刷 廠／仲一彩色印刷股份有限公司
裝 訂 廠／晨捷印製股份有限公司
登 記 證／局版台業字第2517號
總 經 銷／大和書報圖書股份有限公司　電話/（02）8990-2588
出版日期／2001年6月30日第一版
　　　　　2008年9月20日第二版第6次印行

書　　號／WS201
定　　價／380元

原著書名／Conceptual Physics : The High School Physics Program
　　　　　by Paul G. Hewitt
Copyright © 1999 by Addison Wesley Longman, Inc.
Complex Chinese Edition Copyright © 2001, 2008 by Commonwealth Publishing Co., Ltd.,
a member of Commonwealth Publishing Group
Published by arrangement with Pearson Education, Inc.
ALL RIGHTS RESERVED
ISBN: 978-986-216-145-6　（英文版ISBN：0-201-33287-6）

BOOKZONE 天下文化書坊　http://www.bookzone.com.tw